U0961308

女孩长大成人时

[日] 早乙女智子 / 编
[日] 五十岚绫 / 绘

人民东方出版传媒
People's Oriental Publishing & Media
東方出版社
The Oriental Press

GIRLS

目 录

身体不断向大人接近

与月经和平共处吧

内心和身体都要自己把握

GIRLS GROWS UP

1

身体不断向大人接近

致即将迎来春天的“花骨朵”们

身体逐渐长成大人

人的一生也在经历着四季。身体与心理不知为何而蠢蠢欲动时，我们就迎来了人生的春天。

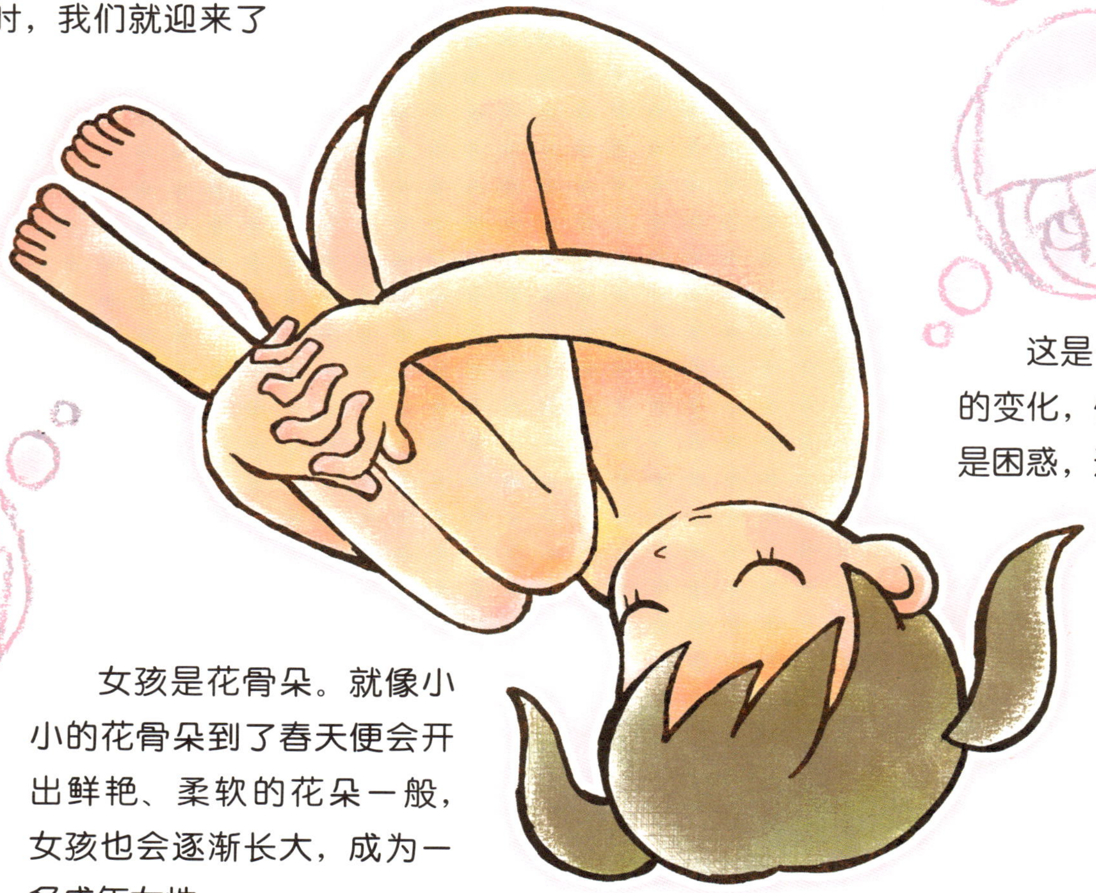

这是一系列非常重大的变化，你会感到惊讶或是困惑，这很正常。

女孩是花骨朵。就像小小的花骨朵到了春天便会开出鲜艳、柔软的花朵一般，女孩也会逐渐长大，成为一名成年女性。

“花骨朵快醒来！”当大脑给出这样的指令后，女孩的身体就会开始向成年女性转变。

身体开始发生变化的时间因人而异，有的女孩是在 9 岁左右，有的女孩则在 13 岁左右。

至于大脑何时会发出指令，也因人而异。

指令一旦发出，性激素便开始在身体中发生作用，女孩的身体就逐渐向成年女性转变。

会发生哪些变化呢？

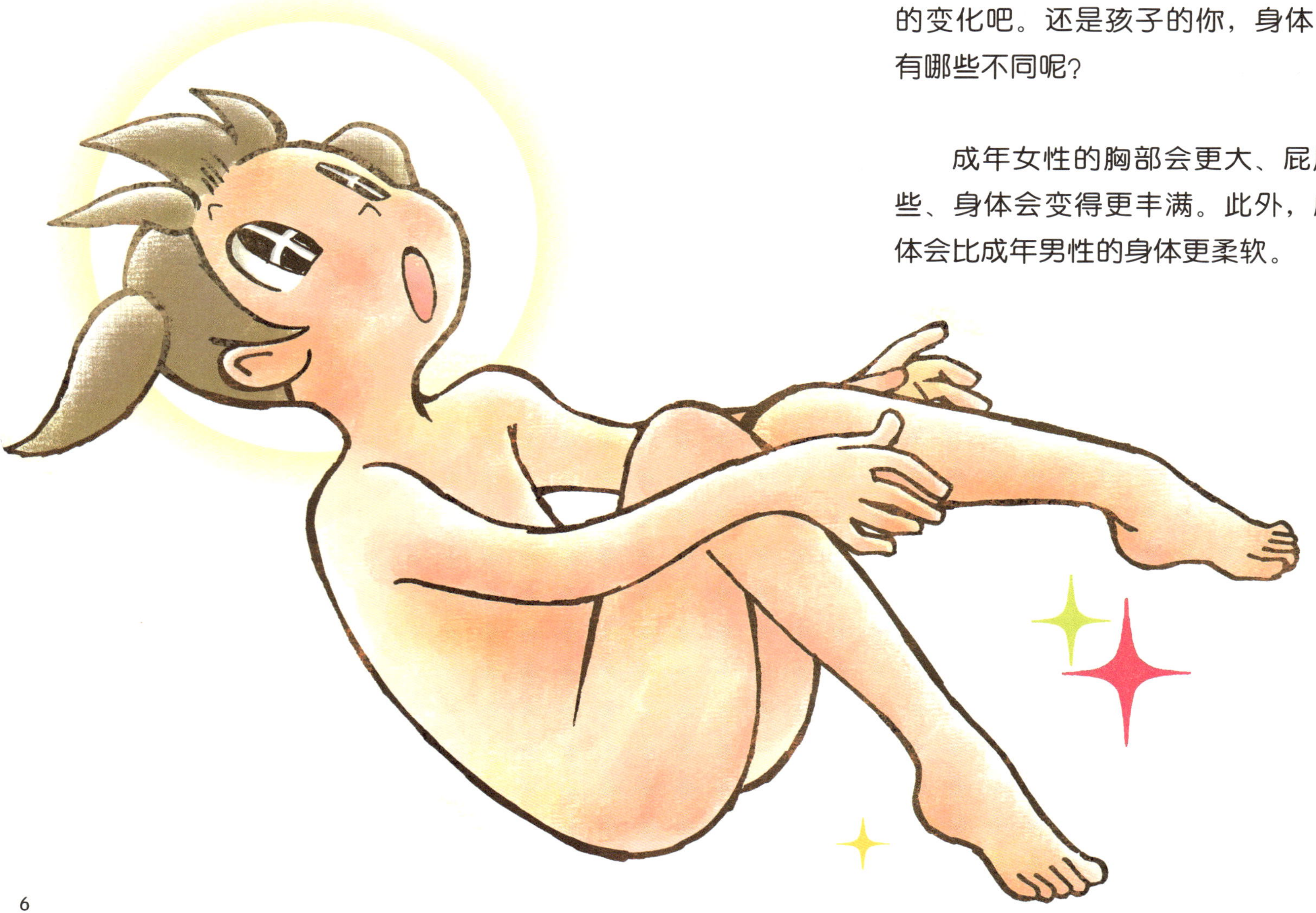

你一定很想知道自己的身体会发生什么样的变化吧。还是孩子的你，身体与姐姐、妈妈有哪些不同呢？

成年女性的胸部会更大、屁股也会更大一些、身体会变得更丰满。此外，成年女性的身体会比成年男性的身体更柔软。

随着身体的发育，男孩和女孩的生殖器官都会逐渐成熟，腋下、大腿根部开始长出毛发。不过，与男孩的“小鸡鸡”暴露在外部不同，女孩的生殖器官并不是直接暴露在外部的。

此前与男孩一样扁平的胸部、小巧的屁股在接收到指令后迅速发生了变化。身体可真是神奇呀！

变大的胸部

让孩子“升级”成大人的性激素，会令女孩的胸部变得丰满。

你知道胸部是由什么构成的吗？隆起的胸部是由乳腺组织和脂肪构成的。由于“隆起”的任务大部分是由脂肪来承担的，因此胸部的大小实际上取决于脂肪的数量。

乳腺是产生母乳，并将母乳输送给婴儿的管道，因此女性当了妈妈之后，乳腺会变得很发达，胸部也会相应变大。所以，即使现在胸部比较小，也不用担心哦。

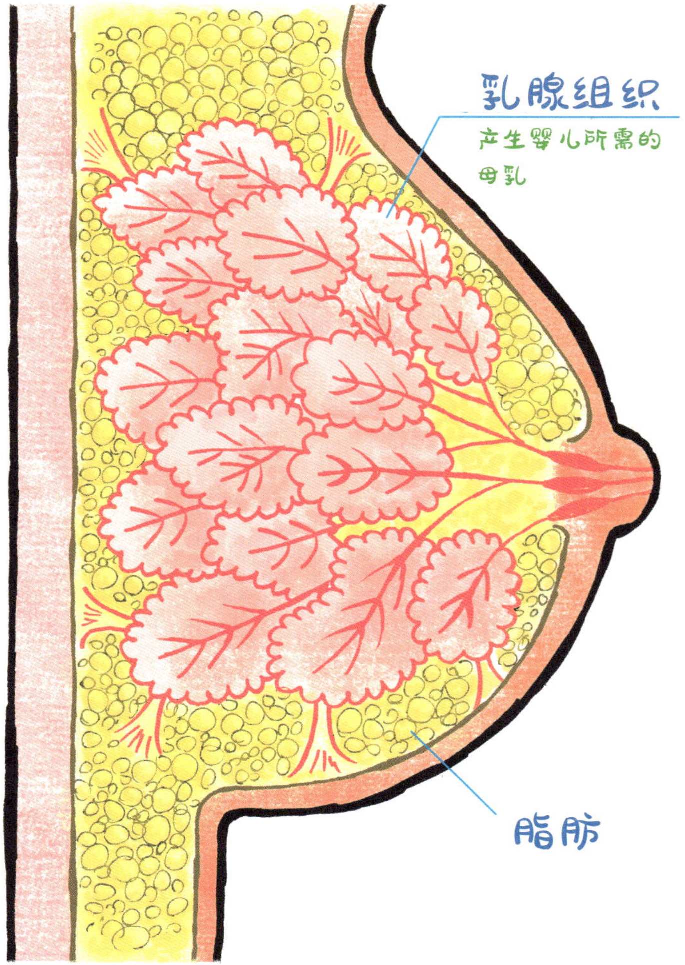

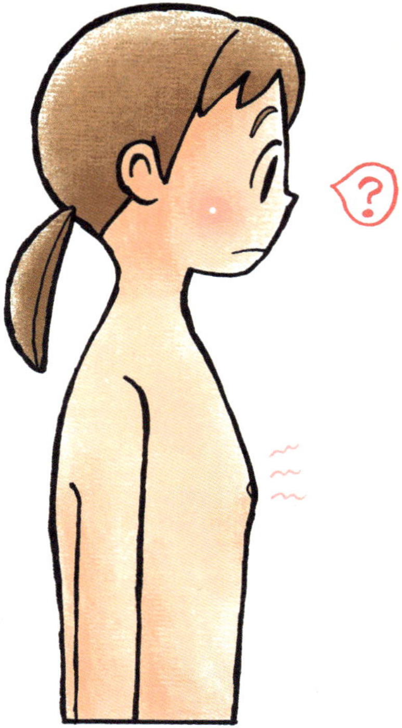

一旦胸部的“小尖尖”开始隐隐作痛，就表明胸部即将隆起。

这一时期，要保护自己的胸部不受外部冲撞哦！还要记得穿内衣！

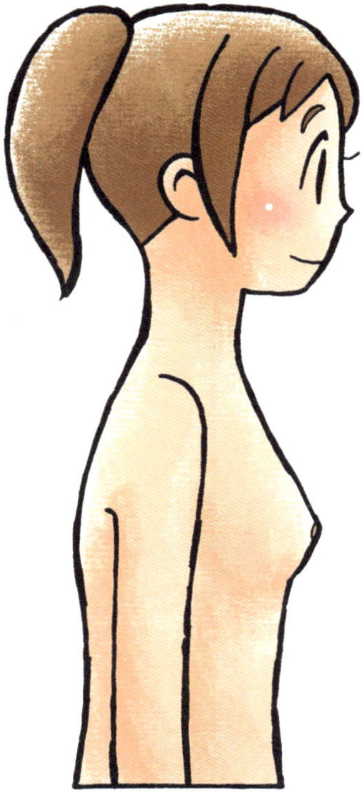

不久后，整个胸部便会开始隆起，注意不要穿太紧的内衣哦！

这一时期，推荐你穿弹性好的胸罩。

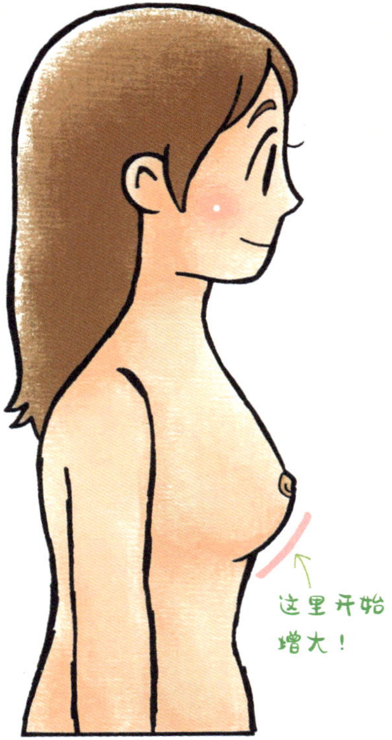

虽然胸部逐渐接近大人的模样，但仍处于发育中的胸部像苹果一样硬邦邦，与发育完成后是不一样的。

推荐你穿大小适合的胸罩哦。

日渐丰满的身体

女孩的身体里面有一个叫子宫的器官，它将陪伴我们一生。女孩在出生时就有子宫，但那时子宫的体积还很小。

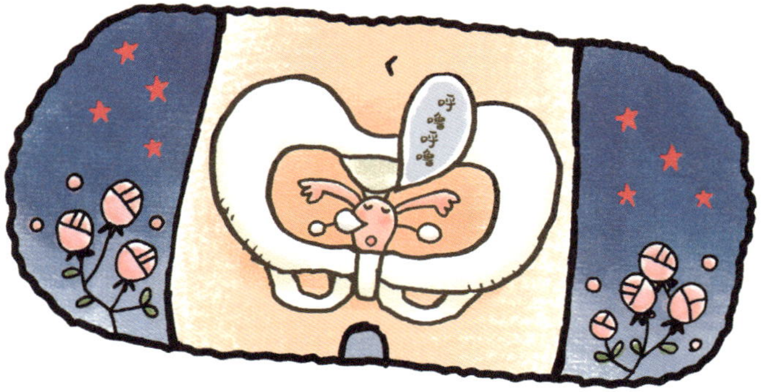

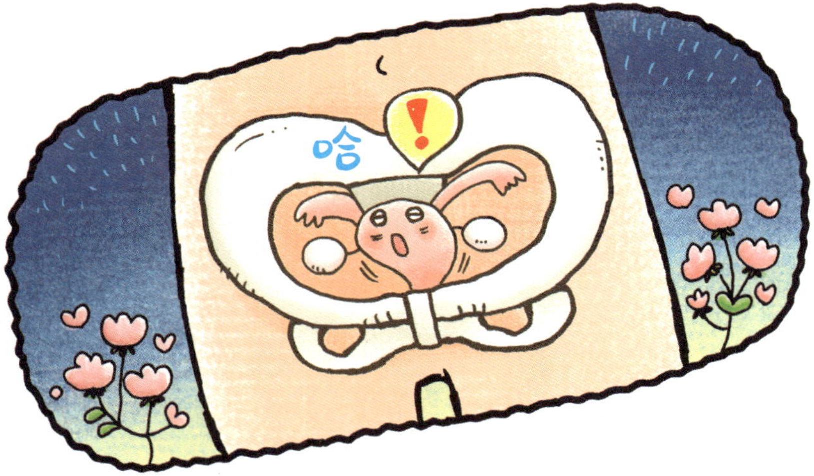

在收到大脑发出的成长指令后，子宫便在女孩的身体中逐渐发育，体积慢慢变大，最终承担起孕育胎儿的重任。

因此，子宫在骨盆中被很好地保护着。为了使胎儿能够顺利出生，女性骨盆中的空间比男性更大些。所以说，女性的身体中，存在着一个特别的“房间”啊！

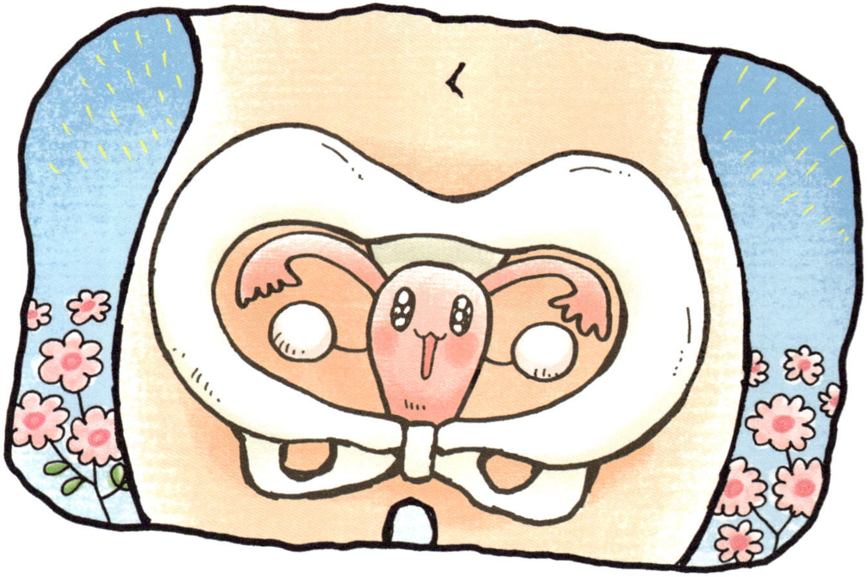

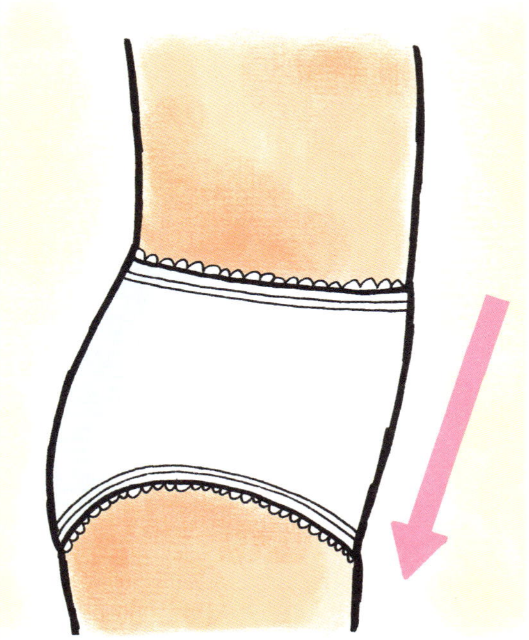

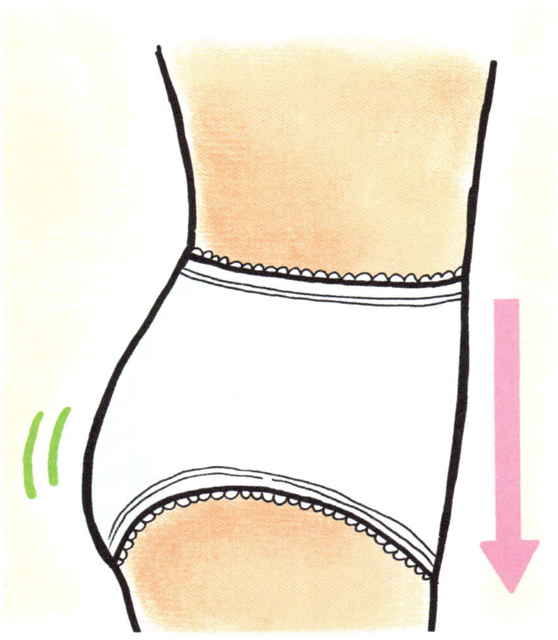

随着子宫的发育，女孩的胸部、腰部、屁股等部位都会发生变化。骨盆变宽后，保护胎儿的“房间”就自然而然发育完成了。最开始的时候，骨盆会略微向前倾斜。

当女孩的身体发育完成时，骨盆的位置复原，屁股就会变得丰满起来。

与成年男性相比，成年女性的腰围与臀围相差更大，因此就产生了迷人的“曲线”。

重要的脂肪

与从侧面看相比，从正面看，女孩骨盆变宽更为明显。

另外，女孩身体各个部位的脂肪都开始增多，体形开始变得丰满，越来越像成年女性。在女孩的发育过程中，脂肪是非常重要的。

不必和别人进行比较

很多女孩在发育时最关心的是“如何才能更加漂亮”，这表明她很关注自己，希望能够更好地了解自己、接纳自己，这是一件好事。但是，千万不要抱有“变瘦才会更漂亮”“我非瘦下来不可”这样的想法。

这是因为，在身体发育的这段时间里，硬逼着自己减肥就会搞坏身体，并将深受其苦。有时明明别人觉得你一点也不胖，但自己总觉得自己“太胖了”，这是一种心理问题。

在杂志上、电视中，有许多身材比例出众又长得很漂亮的女孩。但是，我们女孩的身体与模特一样的芭比娃娃是完全不一样的哦。

这是因为，“与生俱来”的体形是不可以随意改变的。

现在我们要做的不是变成谁都喜欢的人，而是要找到自己喜欢的风格。我们要成为自己喜欢的自己，并相信能遇见喜欢这样的自己的那个人，这将是我们一生的财富。

好好吃饭、好好睡觉、开心健康地度过每一天，是“漂亮”的前提，这对任何人来说都是通用的。这是因为，如果面黄肌瘦，无论打扮得多么时髦、漂亮，都是白费劲。

“花骨朵”的烦恼热线

问：我手臂和小腿上的毛发，好像比别的女孩浓密。这让我很烦恼，导致我夏天都不想穿短袖……我想让皮肤变得像鸡蛋清一样光滑。

（小学五年级学生 美佳）

答：无论是男孩还是女孩，到了小学高年级便会像大人一样，在手臂、小腿、腋下、生殖器周围长出毛发哟。这是由性激素分泌旺盛导致的。因为我们以前从来没经历过这些，所以“我的毛发好浓密啊”“我怎么还没长毛”之类的担心是很正常的。促进毛发生长的性激素的分泌量因人而异，但都是性激素在起作用。

“毛发浓密”这件事是很正常的。不过，在成为大人后性激素的分泌会达到平衡，有很多人的毛发自然而然地不就那么浓密了。

2

与月经和平共处吧

女性专属的奇妙规律

月经究竟是什么？

当身高迅速增长、体重不断增加的时候，你的身体便迈向了下一个阶段。对于女孩来说，每月一次的重大事件——月经就在这一阶段正式“登场”了。这也是性激素的“功劳”。

月经期间流出的血被称为“经血”。虽然经血这一名字中带有“血”字，但与因受伤流出的血不同，其中有一半是附着在子宫内侧的黏膜碎片。

月经的出现，象征着女孩的子宫逐渐发育成熟，已具备了生育能力。

出现月经初潮的时间因人而异，但这意味着我们向大人的世界又靠近了一步。

让我们来了解一下流出经血的身体部位吧（请看右图）！

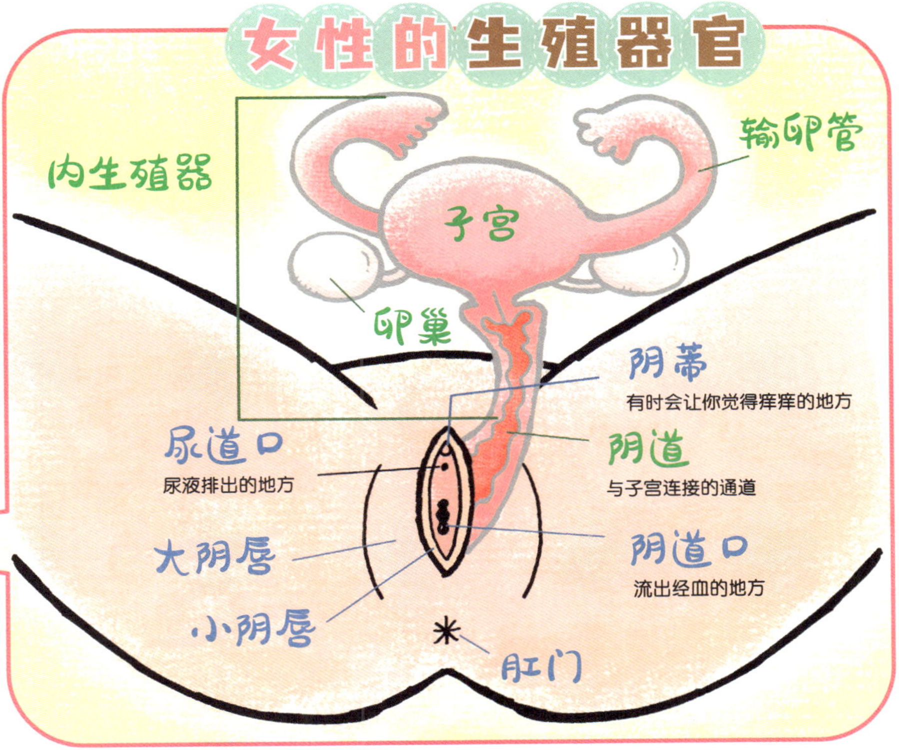

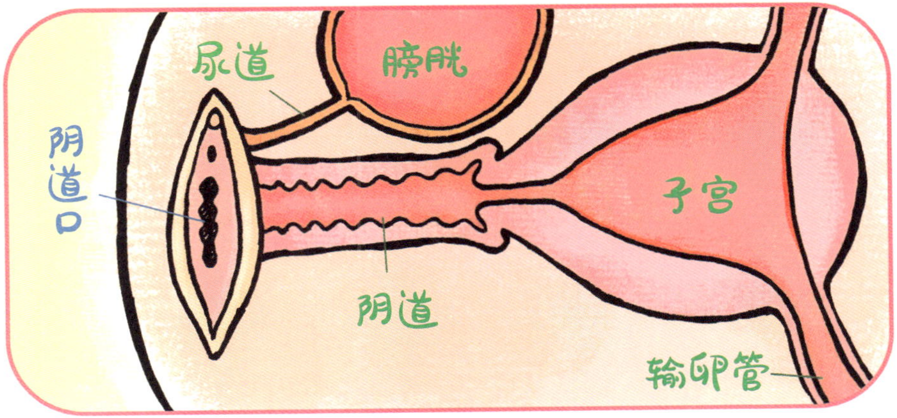

阴道是与子宫相连接的管道，阴道口距离子宫口约 7 厘米。它也是月经时排出经血的通道，性交时接纳精子的地方，更是生孩子时婴儿的生命通道。

你可能会觉得惊讶，怀疑“这么狭小的地方怎么可能做那么多事情”。其实，阴道是能够伸缩的。小阴唇一般处于闭合状态，守护着阴道口和排出尿液的大门（尿道口）。它的形状、颜色都是因人而异的，并不需要和别人进行比较哦。

月经周期

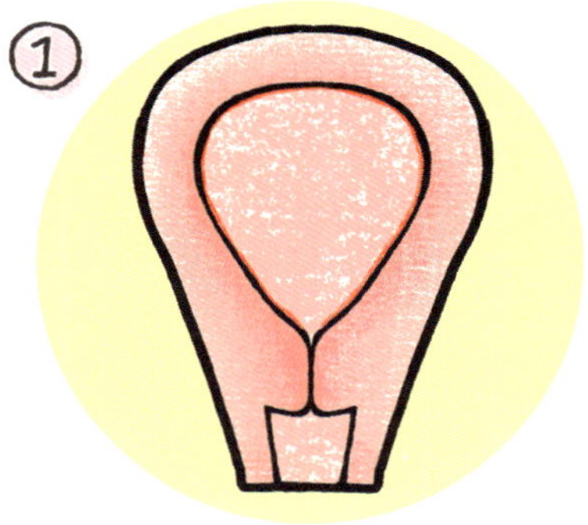
① 刚结束月经的子宫

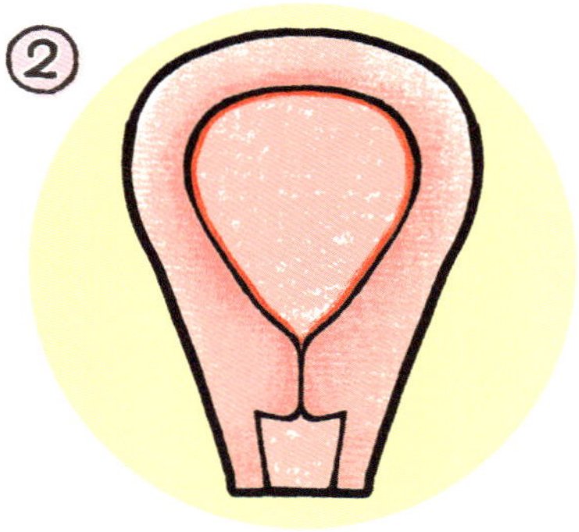
② 在排卵前期，子宫内膜开始变厚

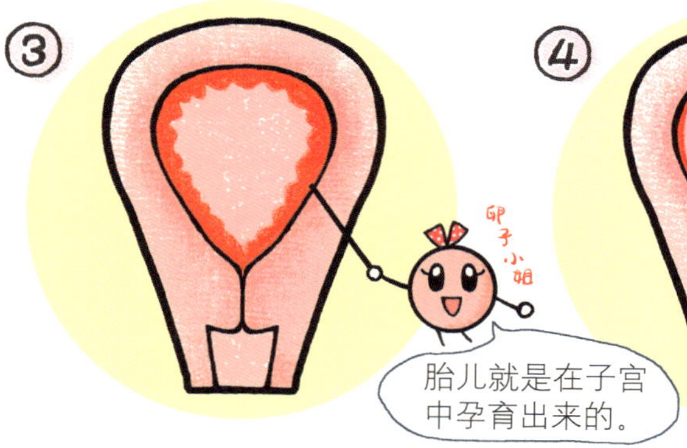

③ 子宫内膜厚度达到最大

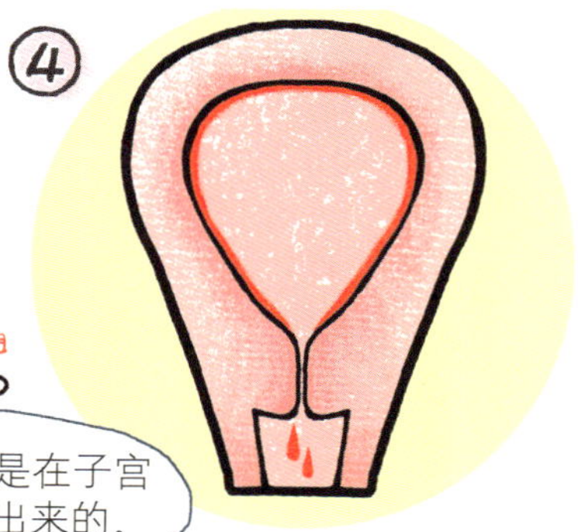
④ 出现月经

经血，是血液与脱落的子宫内膜等一起流出的液体，这实际上是我们的子宫为女性所拥有的生命之源卵子，受精成长为胎儿所特意准备的“床”。

位于子宫两侧的卵巢，每月都会产生囊状物卵泡，而卵子便是在其中逐渐发育成长的。当卵泡变得很大的时候，卵子便会朝着输卵管冲出去，这就是排卵哦。然后，卵泡就会迅速转变为黄体。

这个时候，卵子若与男性所拥有的生命之源精子结合，就会形成受精卵，在“床”（子宫内膜）的保护下逐渐成长。但是，如果卵子未遇到精子，便会在一日内消失，然后黄体逐渐变小。

黄体变小后就出现了月经这一生理现象。旧的子宫内膜便被排出，新的子宫内膜则开始逐渐形成。成年女性的体内都在重复着这个循环过程。

月经后 2 周　在卵巢中……

卵泡（培育卵子的囊状物）变大

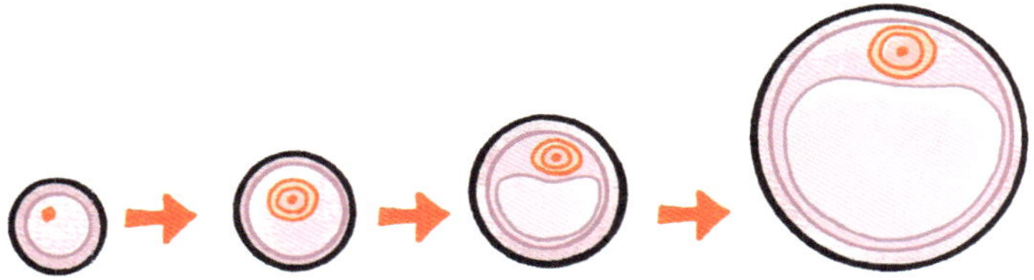

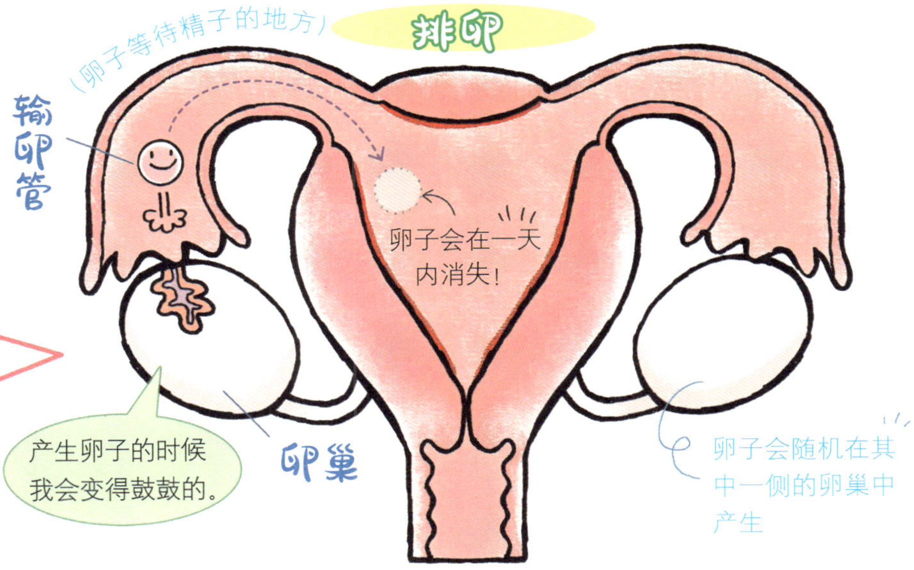

月经前 2 周　在卵巢中……

卵泡变身！最后变得越来越小……

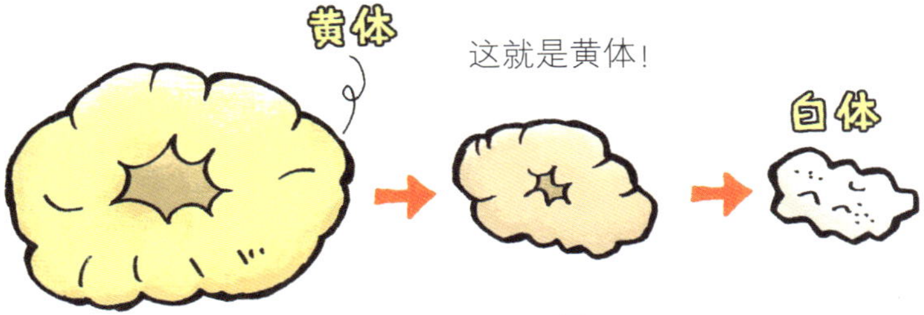

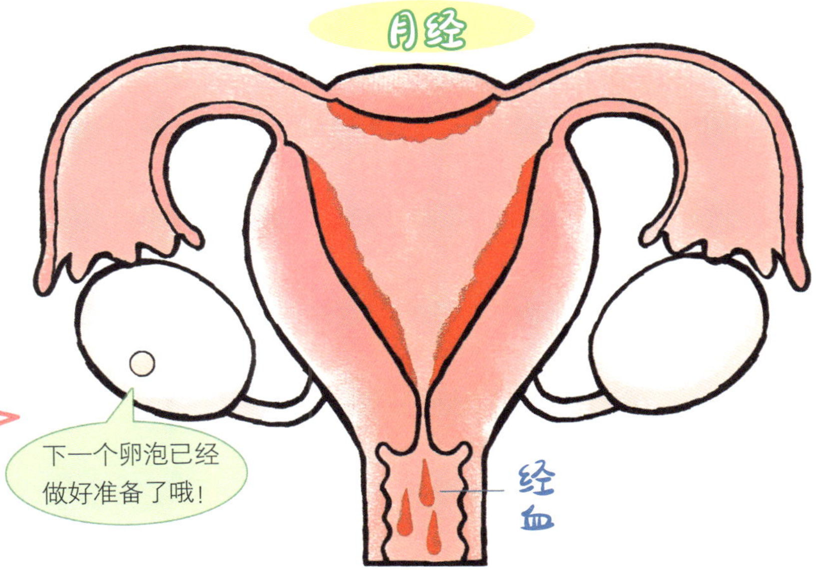

来月经时这么做

来月经时，一定要选用适合自己的卫生用品哦。卫生用品可以吸收经血，让我们能够像平时一样生活。

卫生巾要贴在内裤里使用哦。卫生棉条是直接塞在阴道内吸收经血的卫生用品，即使在游泳、做运动时也不会让经血漏出来，所以很方便。不过，卫生棉条不适合会忘记将它取出的女孩用哦。

穿上深色裤子、在内裤上垫上卫生纸……大家在“对付”月经时可谓煞费苦心。我们可以向身边的学姐请教一下哦。

卫生巾的使用方法

撕掉包装纸

将带有胶带的那面贴在内裤上

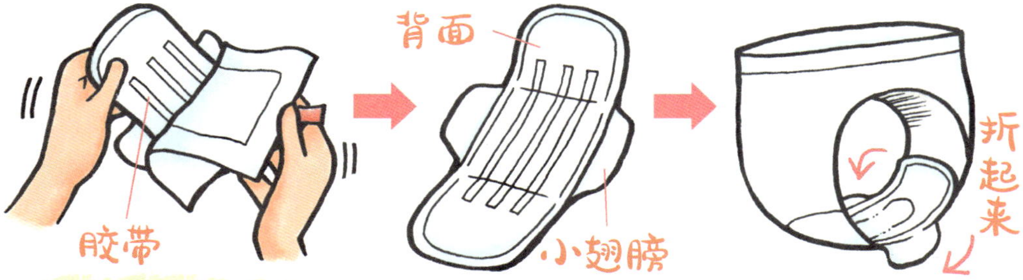

（有的卫生巾没有小翅膀）

使用完毕后

扔进专用的桶中

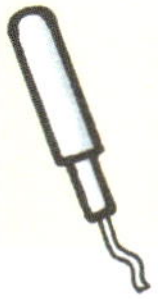

卫生棉条的使用方法

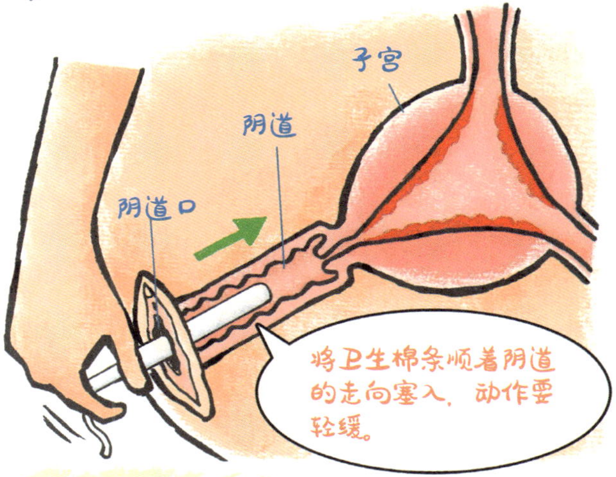

侧面图

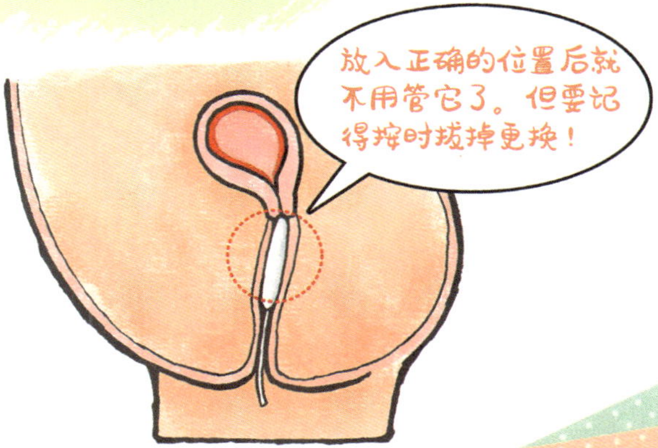

如何应对痛经？

在来月经的时候，有时会感到肚子痛、腰疼，有时会觉得全身酸痛、提不起劲儿。这就是所谓的痛经。

有的人从来不会痛经，但也有人会因为痛经太严重而不得不请假回家休息。每个人痛经的程度都不同，不需要勉强忍着哦！

大部分痛经是子宫为把经血排出体外，而强烈收缩所引起的。在感到冷的情况下，令身体里子宫收缩的物质会变多，因此女孩在月经期间绝对不能受凉。此外，受激素的影响，有的女孩在月经期间还会头痛。这个时候要请假休息，千万不要勉强自己。

痛经痛得过于厉害时，我们完全可以求助于妈妈、医务室的医生或妇科的医生，一定能找到更好的解决方法。

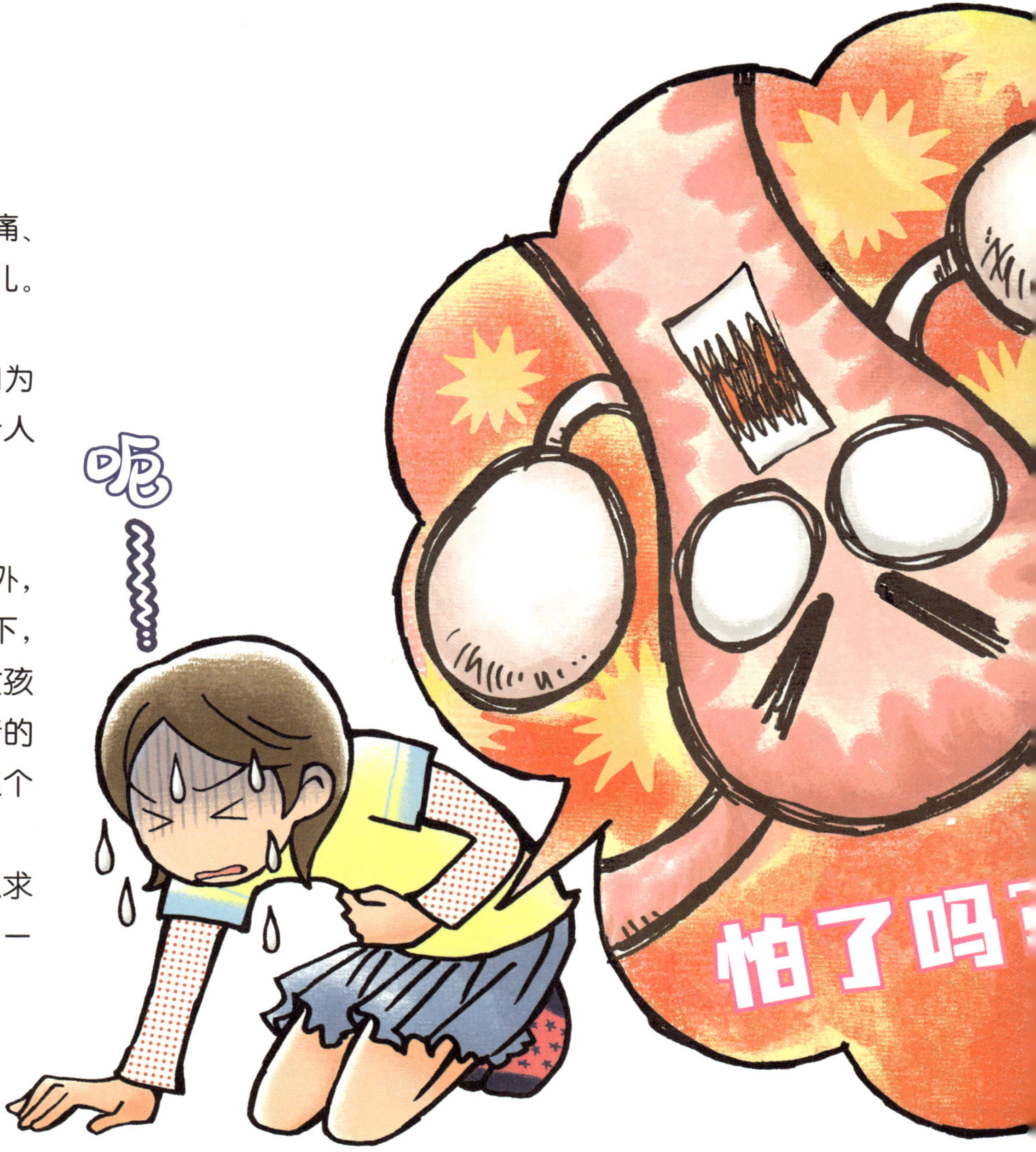

月经期间，尽量穿盖到肚脐的内裤、围上腹带，或者喝些温暖的东西，以促进骨盆的血液循环。洗个热水澡也是很好的选择。

在来月经前的一个星期左右，可以稍微做些运动，或者保持身体温暖。这是妇科医生的建议哦。

通过身体的规律来了解自己

可能会有人觉得，“月经真麻烦！女孩真是吃亏啊。”当然，男孩也有男孩的烦恼。

但是，准时来月经能反映出自己的身体是合乎自然规律的。

这是我们女孩的专属规律。

此外，对于十多岁的女孩来说，月经不规律是件很正常的事情，不需要过多担心哦。

慢慢地，月经就会变得规律起来。

虽说处于月经期间也能像平常一样生活，可是一旦身体变得沉重或者感到疼痛了，我们的心情也会随之变得沉重。

现在的女孩，既要学习，又要做运动，还要玩耍，生活很充实。

在来月经的时候，或许有必要待在家里好好休息一下。

月经可以说是一次身体的大扫除。月经结束后，是女人最漂亮的时候。好好倾听并珍惜自己身体的声音吧。

“花骨朵”的烦恼热线

问：我的内裤上出现了白乎乎的东西，我是不是得了什么奇怪的病啊？

（小学四年级学生 亚美）

答：这是白带。无论是快要出现月经初潮的女孩，还是已经来过月经的女孩，都会有白带，所以不用担心。

就像我们的眼睛和嘴巴一直是湿润的一样，阴道内侧也是被黏膜所覆盖着的。阴道黏膜的分泌物、从子宫分泌的液体、还有使阴道环境保持在酸性从而保护其不受细菌侵害的乳酸菌所产生的白色物质，混合在一起就是白带。白带能够让阴道内部始终保持清洁，因此过度使用女性专用的清洗器①，或者老用肥皂清洗外阴反而是不好的哦。

刚出现的白带一般来说是透明的或者是白色的，但在内裤上停留的时间久了，就会变干发黄。白带的量因人而异，但一般来说在月经规律后，排卵期白带的量会更多一些。如果很在意内裤上有脏东西的话，可以使用卫生护垫。

①专门清洗阴道的装置。

3

内心和身体都要自己把握

为过上幸福快乐的生活而努力

慢慢长大成人吧

现在的你刚刚迈入新阶段的大门，身体会不断接近大人，内心会对许多事情感到好奇。但是与此同时，你也会感到不安和焦躁。

这都是很正常的。因为这时候的你虽然身体已经发育完成，和大人无异，但是内心还是个小孩，还非常不成熟。

你完全没必要焦虑。为了成为一名魅力四射的女性，在这个时期最重要的就是按照自己的节奏生活。

不管怎么说，首先要和自己成为最好的朋友。

但是，我们每个人都只能靠自己找到自己想要的人生，即使是最亲的人也无法替你做决定。

焦虑、寂寞都将成为我们发现自己、了解自己的力量，在能坦然接受“自己就是自己”的那一刻起，你便成功向大人迈近了一步。

做个聪明的女孩

“我想快点变成大人！”

“大人好辛苦……我还想做个小孩。”

“身体倒是长得像大人，但是内心还是小孩，这样不行吗？”

在“春天之门”打开之际，不同的女孩有着不同的想法。

但是，在女孩期待一场美丽的邂逅、希望被温柔相待的同时，我也想让大家知道有些温柔仅停留在表面。

虽然邂逅很美好，但是在这个世界上，也有用花言巧语欺骗你、只想着自己的人。因此，大家必须当心！

即使电视里、杂志上说过“不这样做就会让人觉得很奇怪”，即使被朋友、自己喜欢的人这样说过，但只要你自己的内心和身体是拒绝的，那就不需要做。大家千万不要因为不想被别人讨厌，而勉强自己迎合他人。

如果觉得很困扰，完全不需要马上做决定哦！

不知道该怎么做的孩子也不需要着急，不立刻做出决定也没事。在确认过自己的内心和身体的“意愿”后，答案自然就揭晓了。给自己时间，慢慢了解并掌握自己应有的态度和行为。

爱情为何物？

比起算数题，大家都会对“我喜欢谁、谁喜欢我”之类的问题更感兴趣吧。当然，也有人觉得算数更有趣。

如果喜欢一个人，你或许会特意早起精心梳理头发；或许希望在他面前展示自己擅长的钢琴演奏时能比平时弹得更好。

对。爱情有种不可思议的力量，能让我们看到与往常不同的色彩。

每个人邂逅爱情的时间都不同，但是当爱情来临时，请大家好好感受这淡淡的恋爱感觉。不要太着急，有些爱情只在合适的时间才会出现。

如果对方刚好也喜欢你，那恭喜你们，这就是“两情相悦”。

然后，你们见面的次数会越来越多，开始了所谓的约会。为了更快地互相了解，可以尝试多聊天。

你喜欢什么样的人？

在众多男孩中，为什么会偏偏喜欢上这个男孩呢？这似乎是命中注定一般的东西。并不是只有可爱的女孩或是酷酷的女孩才配拥有爱情。

当然，也有喜欢女孩的女孩，但这种喜欢的感觉是一样的，并不是什么奇怪的事情。

如果你什么都不说，男孩是很难去了解你的，不过也有些非常重视你的男孩，会想方设法去了解你。

特别的肢体接触

人与人之间的交往不仅限于语言，肢体接触也能让彼此的心靠得更近。

与信任的人紧紧拥抱、牵手，会让人觉得放松，心也会跟着温暖起来。

但是，如果被不信任的人触摸会让人觉得抗拒……这是为什么呢？

身体与内心是联通的，二者紧密相关。

与握手这种和谁都能进行的肢体接触不同，嘴巴、胸部、生殖器这种私人部位的接触，是非常特别的。这是属于内心深处的触碰，因此互相信任是非常重要的前提。

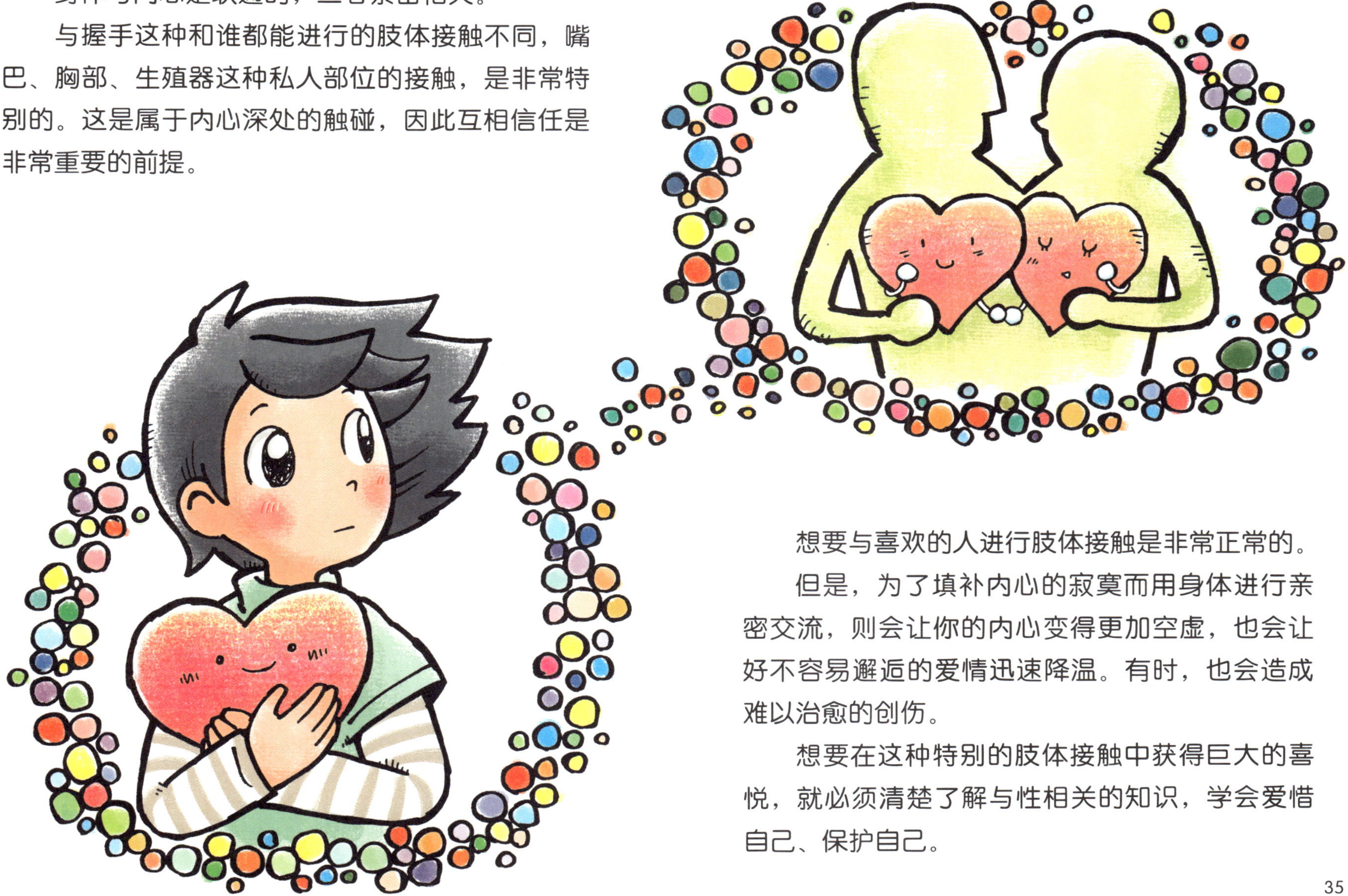

想要与喜欢的人进行肢体接触是非常正常的。

但是，为了填补内心的寂寞而用身体进行亲密交流，则会让你的内心变得更加空虚，也会让好不容易邂逅的爱情迅速降温。有时，也会造成难以治愈的创伤。

想要在这种特别的肢体接触中获得巨大的喜悦，就必须清楚了解与性相关的知识，学会爱惜自己、保护自己。

各种各样的女孩都有独特的美！

“我是不是很普通啊？”如果一直为这个问题苦恼，不妨试着这样思考。

处于内心摇摆不定阶段的你常会觉得不安，会觉得自己很“普通”。

但是，这个世界上有许许多多的身体，而在这许许多多的身体中又蕴藏着各式各样的内心世界。她们各有各的可爱迷人之处，不能简单地将某个人定义为“普通”。

“你是女孩，不能做这样的事情。”

“你是女孩，必须这样做。”

在听到这些话的时候，你或许会想知道“为什么”。而且，内心越敏感的孩子越会问这是“为什么”，这种问题可能会让人觉得很烦。但这些质疑绝不是什么奇怪的事情。

不被任何不负责任的言论牵着鼻子走，勇敢地去追寻真相是非常难能可贵的，你拥有自由自在生活的权利。

无论是什么形态的苹果，
苹果就是苹果。

这是你“自己选择并决定”的人生。

痛苦的时候，就大声寻求帮助，一定会有很多人向你伸出援助之手。加油吧，女孩！

后 记

从女孩变为少女、再成为女人，在这一过程中究竟会经过怎样的变化呢?

成年女性也曾为了跟上自己的身体变化而拼尽全力。肯定也会因为看不到前进的方向而感到不安。青春期便是在不断打破身心的平衡，又对其进行重塑的过程中前行的时期。此外，在“性”的事情上，有些孩子会因为父母过度的保护、以及在来自社会的各种信息中迷失自己，过着与自己的个性相距甚远的日子。特别是女孩，常会按照妈妈走过的路去生活、去成长，从而被妈妈同化。但是，我们必须慢慢认清一个事实，妈妈与女儿有着不同的人格，也有着不一样的人生。

每一个细胞都有它自己的命运，而每个人的人生也都属于她/他自己。为了让大家能够尽量从本书中获得正确的性知识，本书中包含许多写实的图片。此外，相信有些人会因为本书毫不隐讳地展示了大家一直避而不谈的“下流之事”而感到厌恶，但是身体既不羞耻，也不可憎。

希望本书能帮助女孩坦诚面对自己的身体，堂堂正正地活出自己的人生。

〔日〕早乙女智子

参考文献

《13岁起的“恋爱和身体”笔记》[日] 早乙女智子著 新讲社
《希望多了解点自己的身体 青春期月经》[日] 堀口雅子主编 少年报社
《身体与内衣物语 Dear Girls》华歌尔股份有限公司

编者简介

[日] 早乙女智子

妇产科医生，日本性科学协会认定性治疗师，世界性健康大会（WAS）学术委员。毕业于筑波大学医学专业，在日本京都大学研究生院医学专业修满学分后退学。2018年起，担任公益财团Louis Pasteur医学研究中心研究员。

专攻女性生育健康权利、家庭计划、人口问题等课题研究。希望自己的医务工作能够帮助女性过上属于自己的健康生活。

作品有《13岁起的“恋爱和身体”笔记》、《这样还能用！PPT月经讲堂》（主编）等。

图字：01-2021-3916

图书在版编目（CIP）数据

懵懵懂懂青春期预备图册 . 女生版 /（日）平原史树等编；鲍忆涵译 . —北京：东方出版社，2021.10
ISBN 978-7-5207-2384-8

Ⅰ . ①懵… Ⅱ . ①平… ②鲍… Ⅲ . ①女生—青春期—性教育 Ⅳ . ① G479

中国版本图书馆 CIP 数据核字（2021）第 179669 号

懵懵懂懂青春期预备图册（女生版）：女孩长大成人时
MENGMENGDONGDONG QINGCHUNQI YUBEI TUCE（NÜSHENG BAN）：NÜHAI ZHANGDA CHENGREN SHI
[日]早乙女智子 / 编 [日]五十岚绫 / 绘 鲍忆涵 / 译

策　　划：鲁艳芳　黎民子
责任编辑：鲁艳芳　金　琪
出　　版：東方出版社
发　　行：人民东方出版传媒有限公司
地　　址：北京市西城区北三环中路 6 号
邮　　编：100120
印　　刷：北京联兴盛业印刷股份有限公司
版　　次：2021 年 10 月第 1 版
印　　次：2021 年 10 月北京第 1 次印刷　2021 年 12 月北京第 2 次印刷
开　　本：787 毫米 ×1092 毫米　1/16
印　　张：2.5
字　　数：10 千字
书　　号：ISBN 978-7-5207-2384-8
定　　价：90.00 元（全 3 册）
发行电话：（010）85924663　85924644　85924641

宝贵的身体和心灵

［日］村濑幸浩／编
［日］五十岚绫／绘

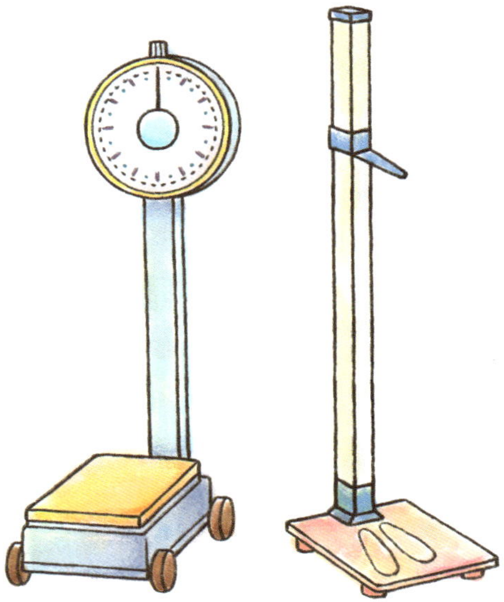

人民东方出版传媒
People's Oriental Publishing & Media
東方出版社
The Oriental Press

目录

身体发育

隐私部位

心理成长

身体发育

不断发育的身体

刚出生不久的婴儿在外观上没有太大差别，因此我们很难从外观上判断出眼前的婴儿是男孩还是女孩。从出生到上小学，男孩和女孩的体形也几乎差不多，但一般来说，在长大成人后，男孩的体形会更大一些。此外，男孩与女孩间的体形差异也会逐渐显现。

婴儿时期，男孩和女孩之间的确没有太大差别呢。

大人与小孩的差别

到了小学高年级，小孩的身体逐渐发育，不断向成人靠拢。在这个时期，男孩和女孩的身体开始出现各种各样的变化。这是因为我们的身体正在为生命的延续做准备。

成年男性的肩膀要比男孩的更宽，也更结实。

此外，成年男性还有胡须，腿毛也会更浓密。

身体发生变化的时期，是因人而异的哦。

身体发生变化的时间，
并不是越早越好哦。
发育速度也是因人而异哟。

女孩成年后，胸部会增大，腰也会变得更粗一些。全身都会变得更为丰满。

这是在为将来长大成人后，延续新的生命做准备。

身体内部

孩子在长大成人的过程中，身体是在发生变化的。那么，让我们先来看看身体内部的结构是什么样的吧！

肺

吸入空气

肝脏

储存营养，分解对身体不好的东西

肠

吸收营养

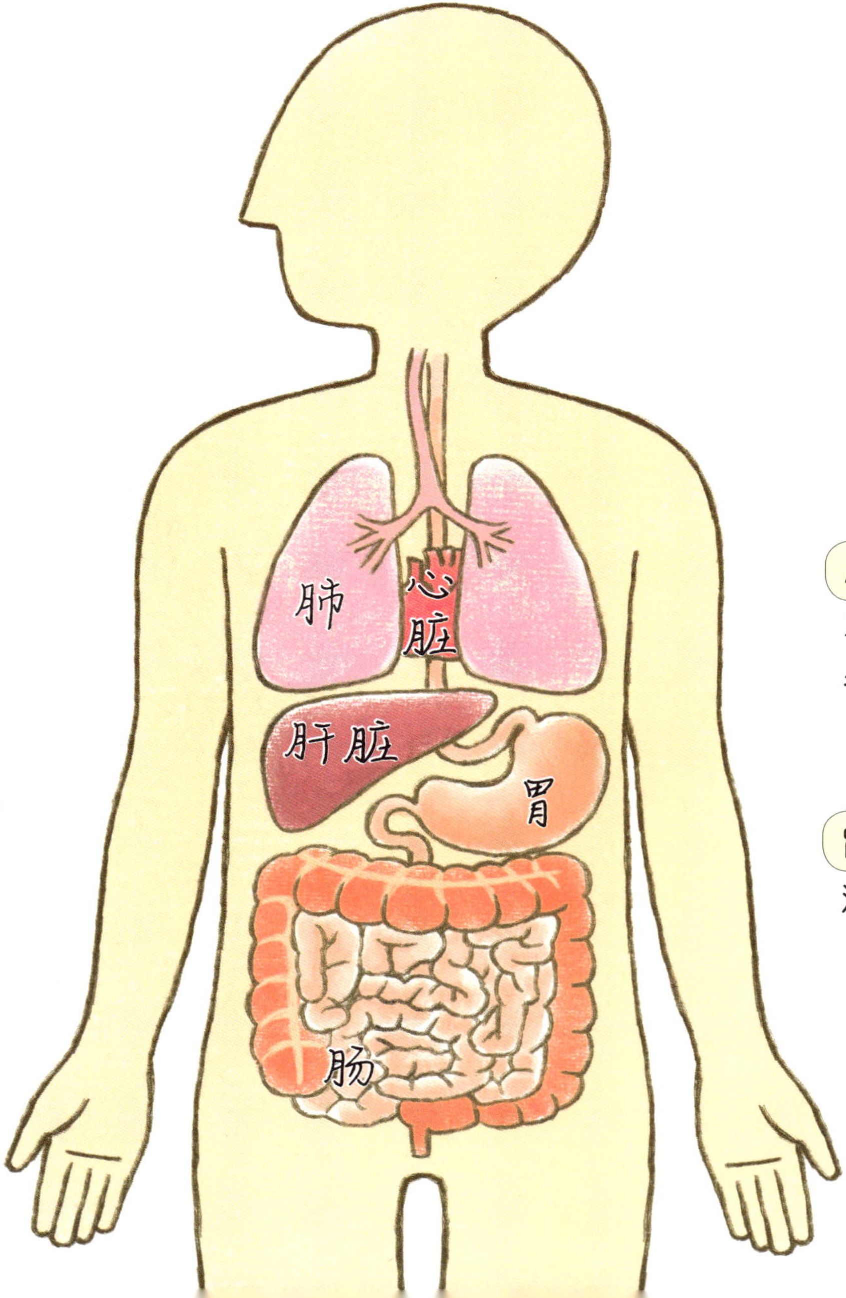

心脏

将血液输送到全身各个部位

胃

溶解食物

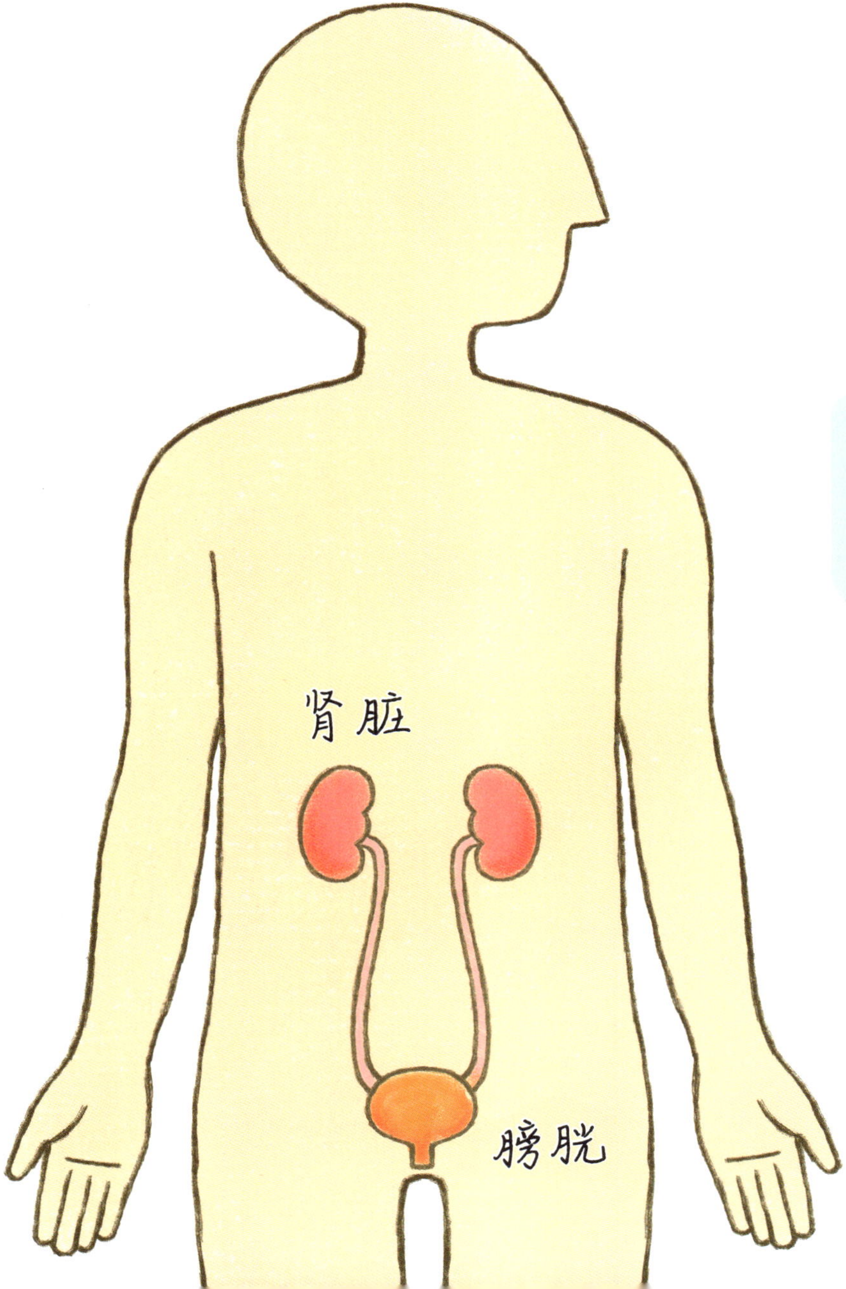

不论男女，身体内部的结构看起来是一样的，但其实也有一个很大的差别哦！

肾脏

产生尿液

膀胱

储存尿液

在男孩和女孩的身体内部，有一个不同之处，那就是性器官（生殖器）。男性的性器官产生“精子”，女性的性器官产生并培育“卵子”，这两个都是生命的源头。

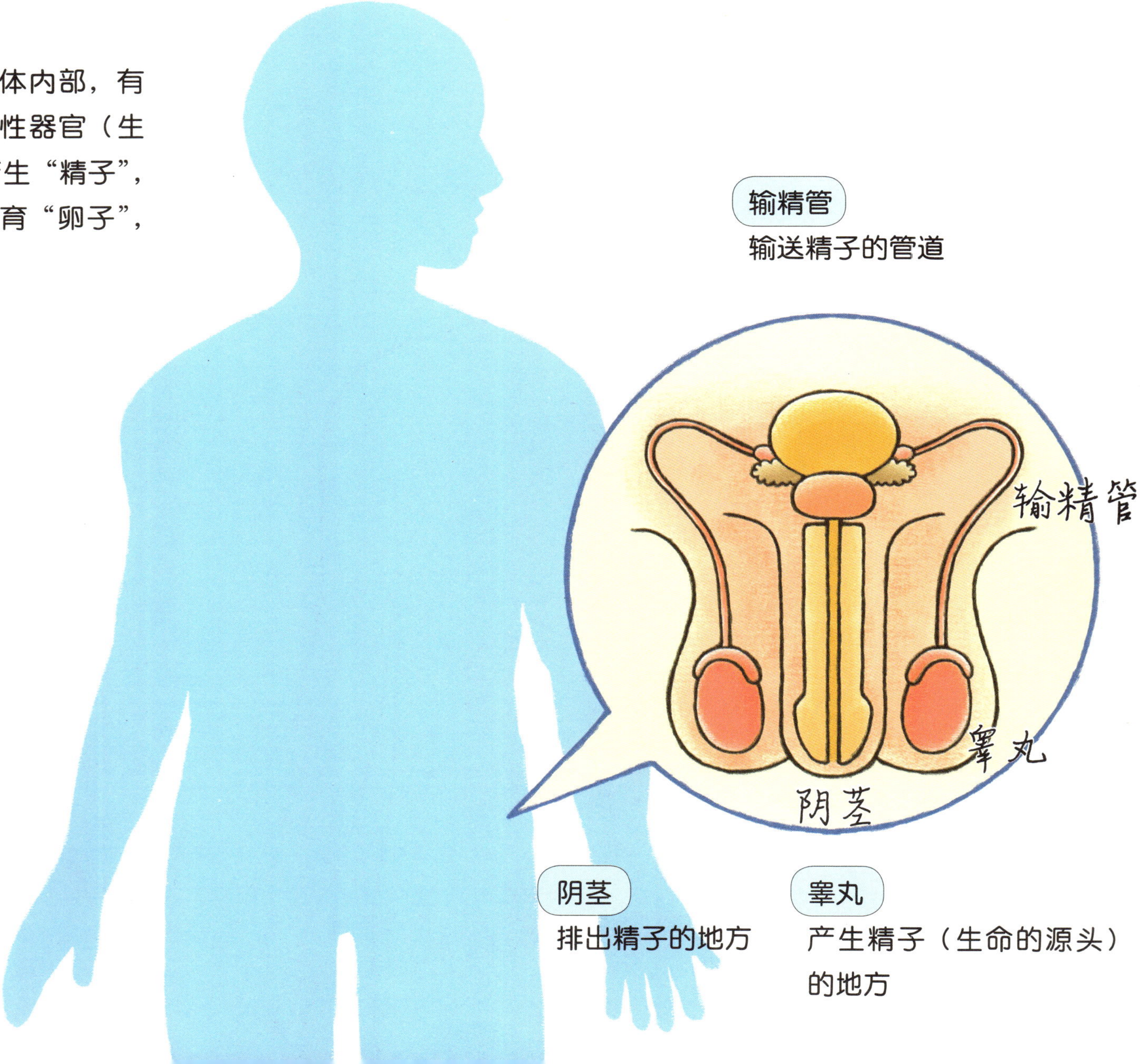

输精管

输送精子的管道

阴茎

排出精子的地方

睾丸

产生精子（生命的源头）的地方

输卵管

接住从卵巢中出来的卵子，并将其输送至子宫

子宫

孕育胎儿的地方

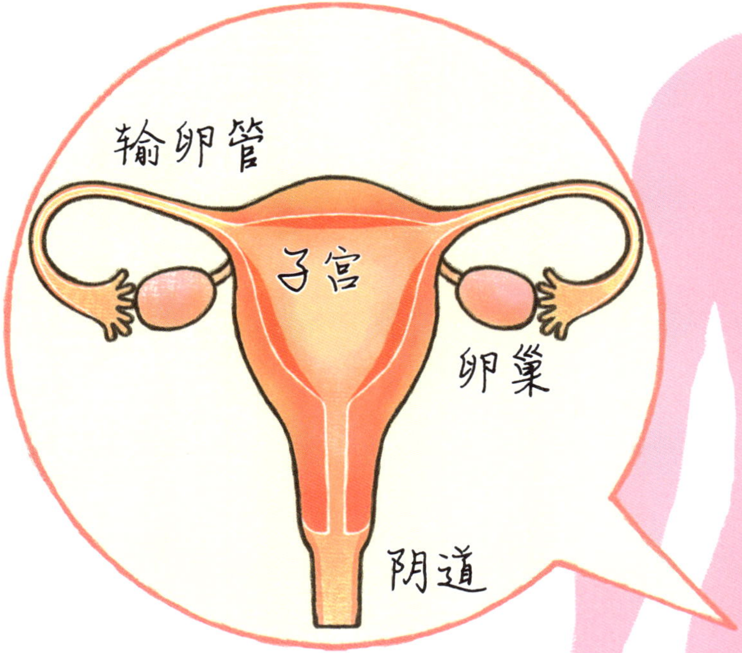

阴道

胎儿的通道

卵巢

培育卵子（生命的源头）的地方

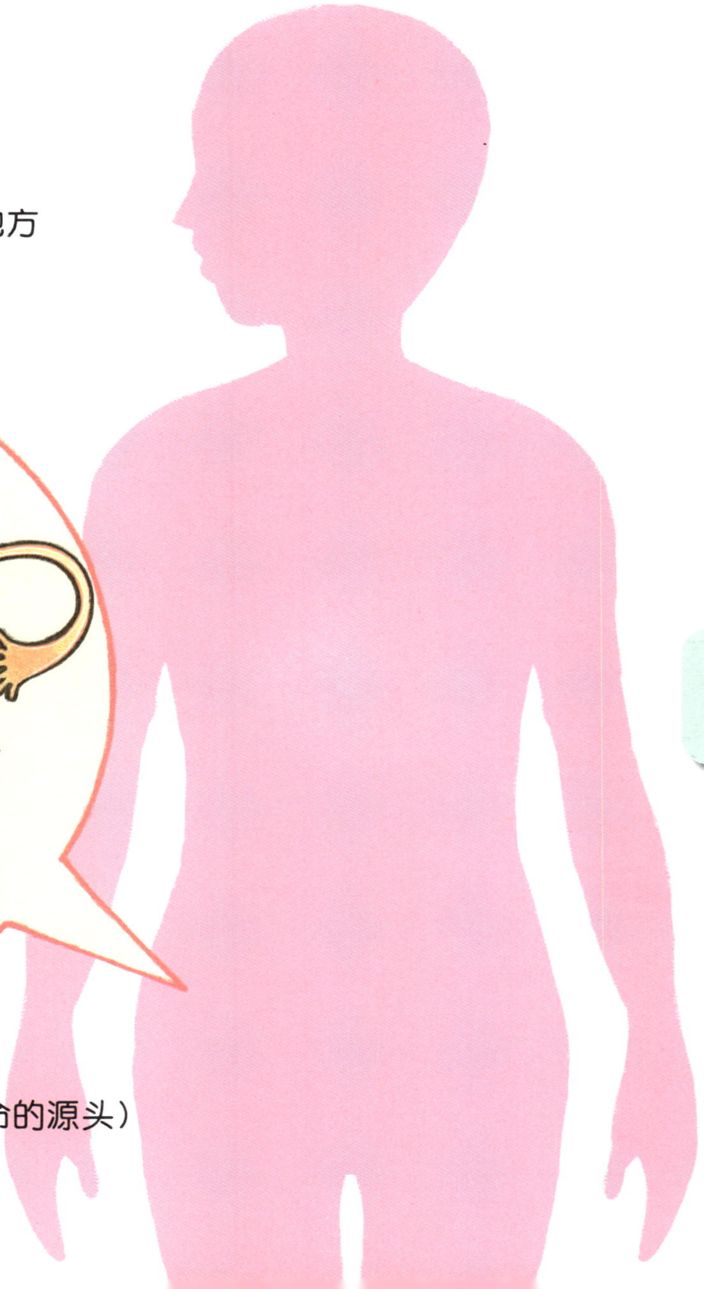

与身体一样，性器官也是在不断发育成长的哦！

男孩要像个男孩？女孩要像个女孩？

“男孩是不可以哭的哦！”“女孩要文文静静的哦！”大家都听到过这样的话吧。男孩不能哭吗？女孩就必须文文静静的吗？没有这种事！

男孩也有很多爱哭的；女孩中既有性格活泼开朗的，也有文文静静的。不要片面地下类似“男孩就应该这样，女孩就应该那样”的结论。

每个人喜欢的事物、兴趣等都各不相同。请大家不要因为自己是男孩或者是女孩，便给自己轻易地下定义，也不要顾虑别人给自己的定义，勇敢地去尝试各种各样的事情吧！

隐私部位

你知道身体各部位的名字吗？

身体是由头、颈、躯干和四肢构成的，每个部位都有自己的名字。当身体受伤、不舒服时，我们应该用各部位的名字准确地描述自己的状况，比如，究竟是什么部位疼、具体是哪里受伤了等。

身体的后半部分

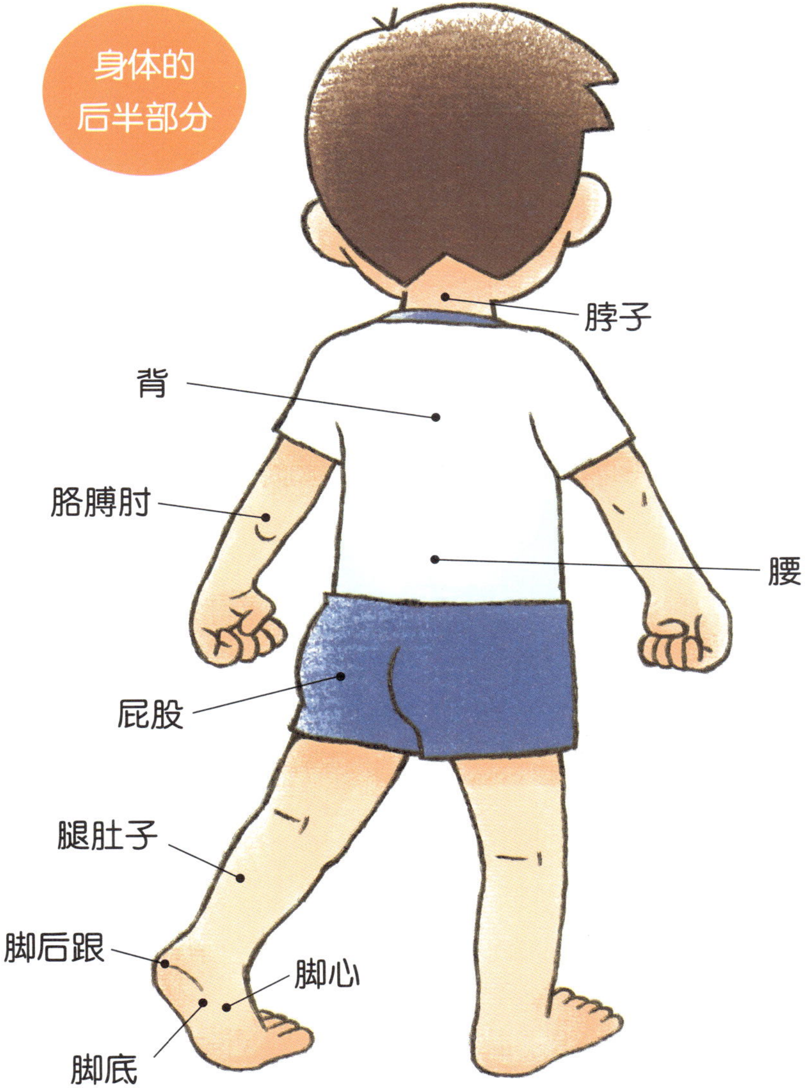

脸

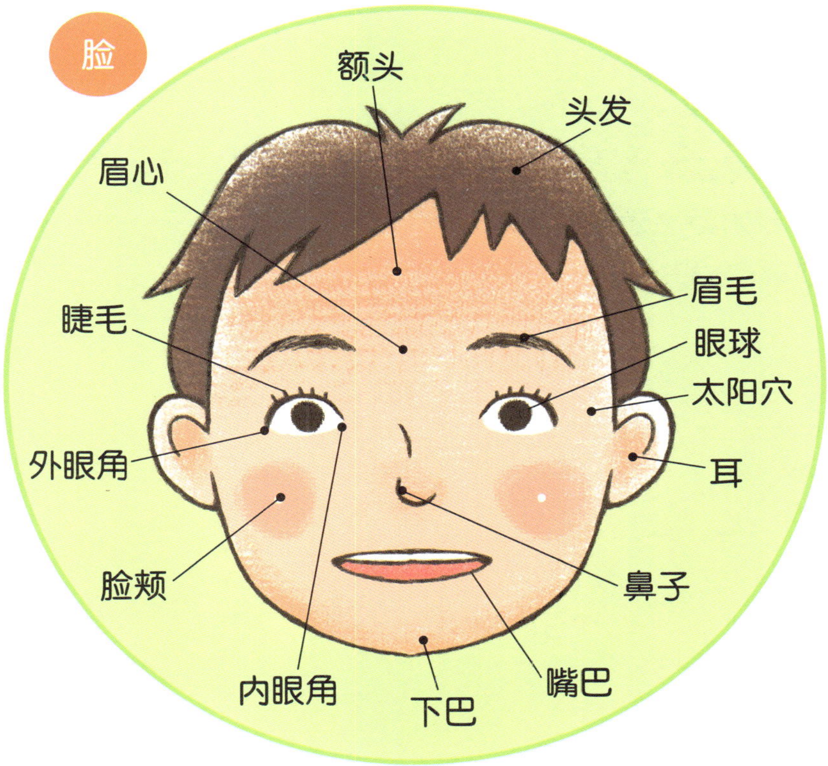

你能说出哪些呀？
最好能对照自己的身体和脸蛋，
把这些部位的名字都记住。

隐私部位

泳衣、内衣、内裤遮住的地方，是至关重要的隐私部位。胸部、性器官、屁股是只能我们自己看到或触摸的重要部位。

“隐私”含有“私人的”的意思，代表了“仅属于自己的东西”。

虽说隐私部位是属于我们自己的很重要的部位，但如果感觉到这些部位不舒服，就需要让家里人或者医院的医生帮忙查看一下。

当然，嘴巴、男孩的胸部也是隐私部位哦！

守护自己的身体

我们的隐私部位是非常柔软且容易受伤的。病菌很容易进入隐私部位，因此我们要时刻保持隐私部位的清洁。大家要认真仔细地清洗隐私部位哟。

保持身体的清洁是件很重要的事情哦！

不要让别人看或者摸我们的隐私部位。如果有人试图强行看或者摸我们的隐私部位，一定要强硬拒绝！

哪怕对方是大人，
哪怕对方是熟人，
一定要强硬地拒绝哦！
可以大声喊出："不要！"

如果遇到这类事情，
男孩也要强硬拒绝！

每个人都有自己的隐私部位。因此，我们不能拿别人的隐私部位开玩笑，也不能强迫别人将他/她的隐私部位给自己看。请像保护自己的隐私部位一样，保护他人的隐私部位吧！

不想说的事情就不要说，即使对方是你的朋友。

当你被强迫做不想做的事情时……

我们自己的身体，由我们自己来守护。当你被强迫做不想做的事情时，需要怎么办呢？我们平时得好好考虑一下。

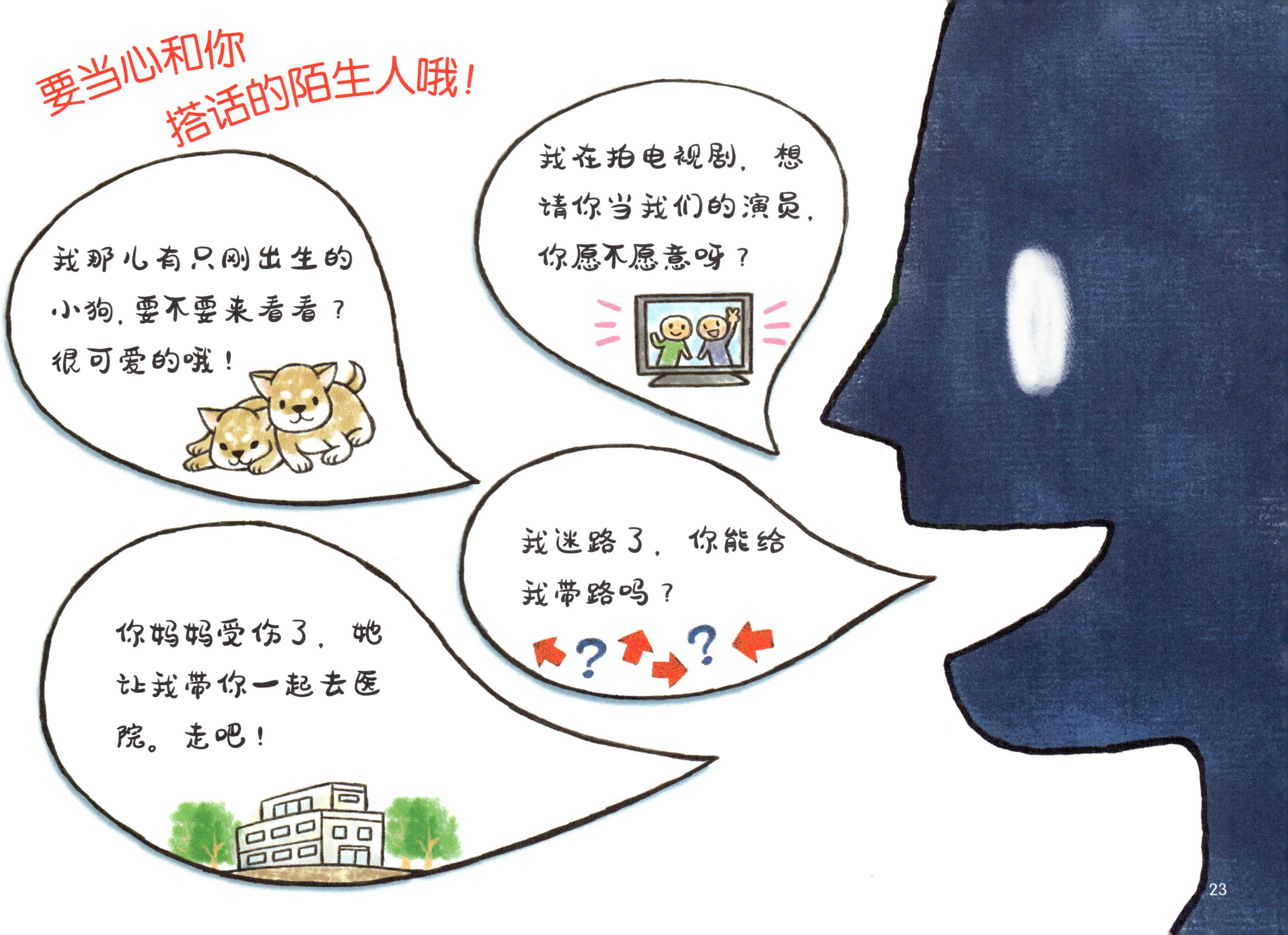
要当心和你搭话的陌生人哦！
我那儿有只刚出生的小狗，要不要来看看？很可爱的哦！
我在拍电视剧，想请你当我们的演员，你愿不愿意呀？
我迷路了，你能给我带路吗？
你妈妈受伤了，她让我带你一起去医院。走吧！

外出时的“约法三章”

在外玩耍，对我们心灵与身体的成长非常有利，但我们要避免被卷入各种事故中。

在外出前，必须告诉家里人自己和谁、去哪里、做什么、什么时候回来。注意不要因为贪玩而忘记了回家的时间。

此外，平时也要注意观察，心里要清楚哪些地方人流量少、容易出事，哪些地方很危险。以防万一，也可以带上报警器。要牢牢遵守外出前和家里人的约定，这样才能在外面愉快地玩耍哦！

心理成长

不断成长的心理

与身体一样，人的心理也在不断发育成熟。不过，心理的发育没有身体的发育那么明显，是缓慢渐进的。

你是不是也曾因为没能如愿以偿而大哭大闹、耍脾气？相信每个人都有过这样的经历吧。

小时候，我们总是凭感觉行动，只考虑自己。

随着慢慢长大，我们能更好地控制自己的情绪，也学会了与周围的人进行合作。

心理成长所必需之物

你是不是发现自己变得比小时候更会忍耐了？随着年龄的增长，在我们与他人的交往中、在经历了各种各样的事情后，我们的内心也在不断成长。

独自一人朝着目标不断奋进、与他人合作共同完成任务……各种各样的经历都在让我们的内心不断成长。

各种各样的情绪

因反败为胜而开心、因被朋友捉弄而生气、因重要的东西损坏而悲伤……我们的心中会产生各种各样的情绪。每个人都有各自的情绪，这些情绪的感知方式也是因人而异的。

今天你的情绪是怎样的呢？
是右图中的一种吗？

安心
（呼）

生气
（大发雷霆）

担心
（捏一把汗）

不甘心
（怎么会这样）

期待
（心怦怦跳）

无聊
（啊~）

紧张
（心跳加速）

失望
（垂头丧气）

重要的自我情绪

愉快的事情、高兴的事情、不顺利的事情、失落的事情、悲伤的事情……每天都会发生各种各样的事情。

遇到自己不喜欢的事情时，
就会什么也不想做。
大家都有过这样的体验吧。

无论是“高兴”“愉快”等好的情绪，还是“悲伤”“不甘心”等坏的情绪，都是非常重要的自我情绪。

如果不好的情绪一直持续的话，原本开心的事情也会变得不开心，身体状况也会变得不好。这个时候，大家可以尝试着做些自己喜欢的事情，来转换转换心情。

做些自己喜欢的事情，或者发发呆也可以。
总之，做些自己想做的事情吧。

传达情绪

遇到开心的事情，嘴角会不自觉地上扬；遇到悲伤的事情，眼泪会忍不住掉下来。虽然我们常会把情绪表现在脸上，但是别人能从我们的表情中准确把握我们的情绪吗？为了准确传达我们的情绪，我们需要用语言来表达自己的情绪。

我们有各种各样的情绪，有的也的确难以用语言表达。
这种时候，我们可以尝试着慢慢地将自己心中所想一点点说出来。

大家都在排队的时候，有人却想插队。遇到这种情况，你会说些什么呢？

别人也在排队，
所以不能插队哟。

大家都要遵守规则，
必须清楚地把这一
点说出来。

表达方式也很重要哦。
这样的话就容易演变
成争吵啦。

粗暴的态度、模棱两可的态度，都是不能准确地传达自我情绪的。

在准确传达自我情绪时，我们需要考虑对方将会因此处于一种怎样的情绪中。我们自己的情绪和他人的情绪都很重要。

之后，我们还会与更多的人交往。无论在何时，我们都要保护好自己的身体与心灵。与此同时，我们也要照顾到周边人的身体与心灵。

后　记

我要珍爱身体、生命以及心灵——要让这样的认知在孩子的内心生根发芽，就有必要在培养孩子的过程中，让孩子感受到自己是被珍视的。“被珍视”和“被爱”包含着类似的意思，如果能让孩子在成长过程中有这样的感受，孩子就能学会珍爱自己、珍爱他人。

我还想说一下有关男女性别的事情。此前，我们都理所当然地以为人的性别是非男即女的。但是近年，随着研究的不断深入，人权的概念不断得到重视，我们对于身体和心理的性别分化有了新的认识。有时，身体的性别和心理的性别并不一定是一致的，因此而产生的不安、烦恼被称为“性别违和感”。实际上，有的孩子从小学时就察觉到了这种违和感。如果遇到这种情况，请务必让周边的大人知晓。同时，我希望大人也不要硬把孩子归为男性或女性，而是认真倾听孩子的不安与烦恼，有必要时也可以找专业医生商量解决方法。

最近，各个国家都开始灵活地应对这些问题，有的地方甚至出现了中途改变性别的事情。

考虑到这些情况，我希望大家能够慢慢学会接纳各式各样的人的存在。

〔日〕村濑幸浩

参考文献

《与自己的身体交往》［日］村濑幸浩主编 白杨社

《10岁以后的性教育(插画版)》［日］高柳美知子编 “人和性”教育研究所联合出版

《小学馆图鉴NEO》［日］松村让儿等指导执笔 小学馆

小学保健新闻No.524、No.874 少年写真新闻社

编者简介

［日］村濑幸浩

1941年出生于爱知县名古屋市。

从东京教育大学毕业后的25年间，一直在和光高中当保健体育教员。这之后，在一桥大学、津田塾大学担任讲师的同时，在全国各地开展以“性”为主题的宣讲。著有《不要做一个畏畏缩缩的大人》（儿童未来出版社）、《男孩的性教育》（大修馆书店）等。

图字：01-2021-3916

Original Japanese title: TAISETSU NA KARADA・KOKORO
supervised by Yukihiro Murase, illustrated by Aya Igarashi

Original Japanese edition published by Shonen Shashin Shimbunsha Inc.
Simplified Chinese translation rights arranged with Shonen Shashin Shimbunsha Inc.
through The English Agency (Japan) Ltd. and Qiantaiyang Cultural Development (Beijing) Co., Ltd.

图书在版编目（CIP）数据

懵懵懂懂青春期预备图册 . 女生版 /（日）平原史树等编；鲍忆涵译 . —北京：东方出版社，2021.10
ISBN 978-7-5207-2384-8

Ⅰ . ①懵… Ⅱ . ①平… ②鲍… Ⅲ . ①女生—青春期—性教育 Ⅳ . ① G479

中国版本图书馆 CIP 数据核字（2021）第 179669 号

懵懵懂懂青春期预备图册（女生版）：宝贵的身体和心灵
MENGMENGDONGDONG QINGCHUNQI YUBEI TUCE（NüSHENG BAN）：BAOGUI DE SHENTI HE XINLING
［日］村濑幸浩 / 编 ［日］五十岚绫 / 绘 鲍忆涵 / 译

策　　划：鲁艳芳　黎民子
责任编辑：鲁艳芳　黎民子
出　　版：東方出版社
发　　行：人民东方出版传媒有限公司
地　　址：北京市西城区北三环中路 6 号
邮　　编：100120
印　　刷：北京联兴盛业印刷股份有限公司
版　　次：2021 年 10 月第 1 版
印　　次：2021 年 10 月北京第 1 次印刷　2021 年 12 月北京第 2 次印刷
开　　本：787 毫米 ×1092 毫米　1/16
印　　张：2.5
字　　数：10 千字
书　　号：ISBN 978-7-5207-2384-8
定　　价：90.00 元（全 3 册）
发行电话：（010）85924663　85924644　85924641

宝宝是从哪里来的？

〔日〕平原史树／编
〔日〕井元广／绘

人民东方出版传媒
People's Oriental Publishing & Media
東方出版社
The Oriental Press

目录

生命伊始

人的生命

你听大人说过自己出生时的事情吗？每个人都是从宝宝开始的。

所有生命都是从肉眼看不见的、小小的细胞开始的。细胞的大小为几到几十微米，而人的身体则是由约 60 万亿个细胞构成的。小小的细胞进化成胎儿，然后便出生了。

你可能很难想象自己是从一个小小的细胞进化而来的，但实际上，你的身体里至今还保留着“进化”的证据。

人在以胎儿的身份出生之际，肚子中央便带有一根长约50厘米、如细绳一般的东西。

那就是脐带，是在细胞进化成胎儿期间，连接胎儿与妈妈的纽带。

胎儿在妈妈的肚子里究竟是如何生长，又是怎样出生的呢？

生命之源：卵子与精子

生命是女人体内产生的卵子细胞，与男人体内产生的精子细胞相结合的产物。

人体内最大的细胞卵子，与较小的细胞精子便是生命的源头。

生命之源的产生

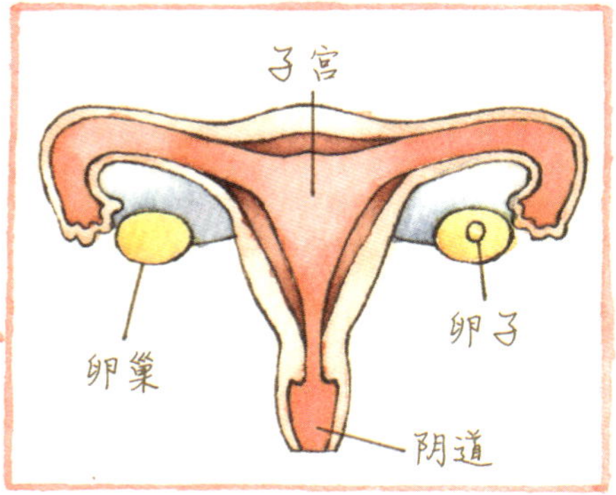

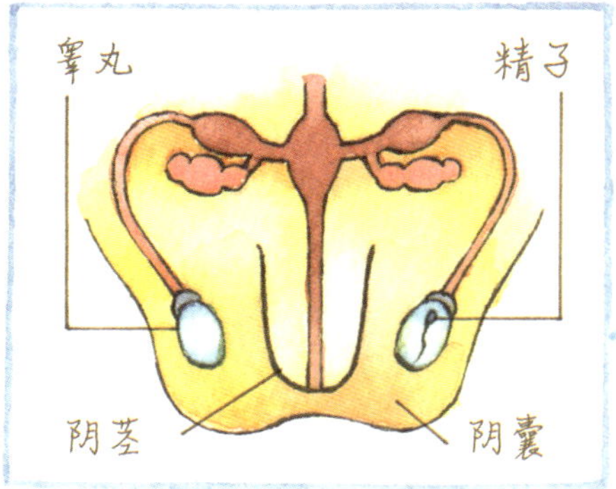

卵子是由女性盆腔内的卵巢产生的，而精子则是由男性的睾丸产生的。

卵子

卵子的周边包裹着一层膜，以起到保护作用，它的正中央有一个核。

精子

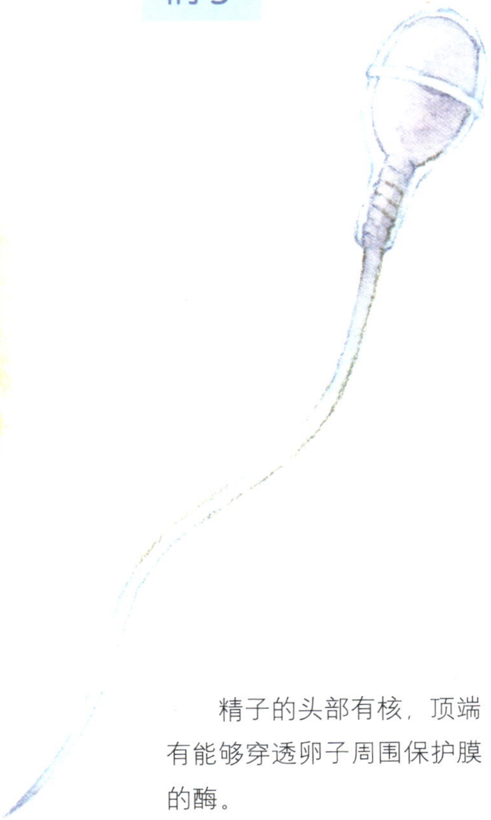

精子的头部有核，顶端有能够穿透卵子周围保护膜的酶。

电子显微镜下的卵子与精子

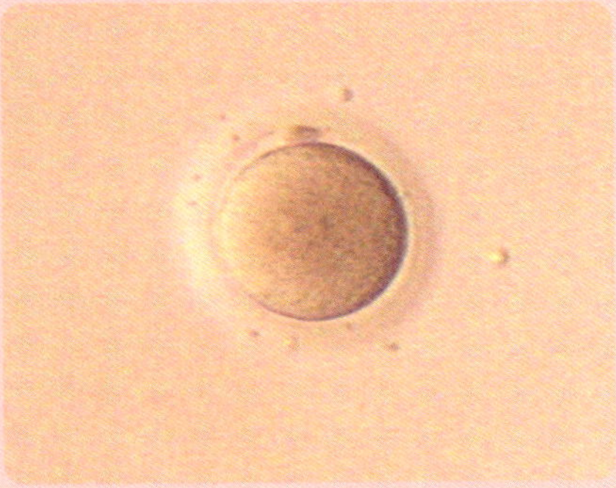

卵子：直径 0.13 ~ 0.15 毫米。圆圆的，长得像个球。

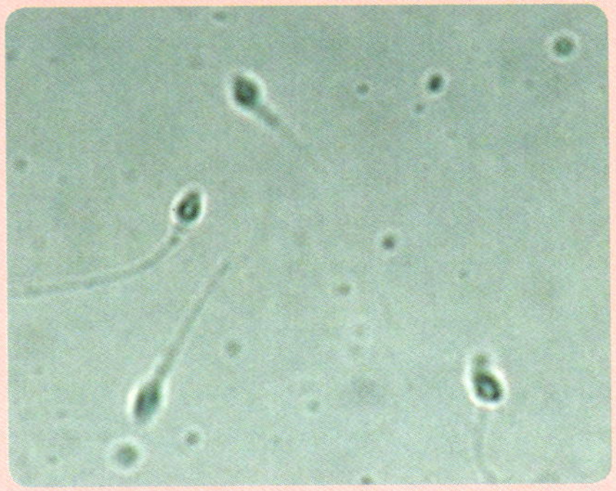

精子：全长 0.05 ~ 0.07 毫米。长得像蝌蚪。

卵子与精子都有核。核中有染色体，储存着大量信息，这些信息帮助我们继承爸爸妈妈的特征，也能指导我们的发育。

孕育生命的地方

女人体内的子宫便是孕育生命的地方，是新生命的诞生之地，也是新生命的成长之所。

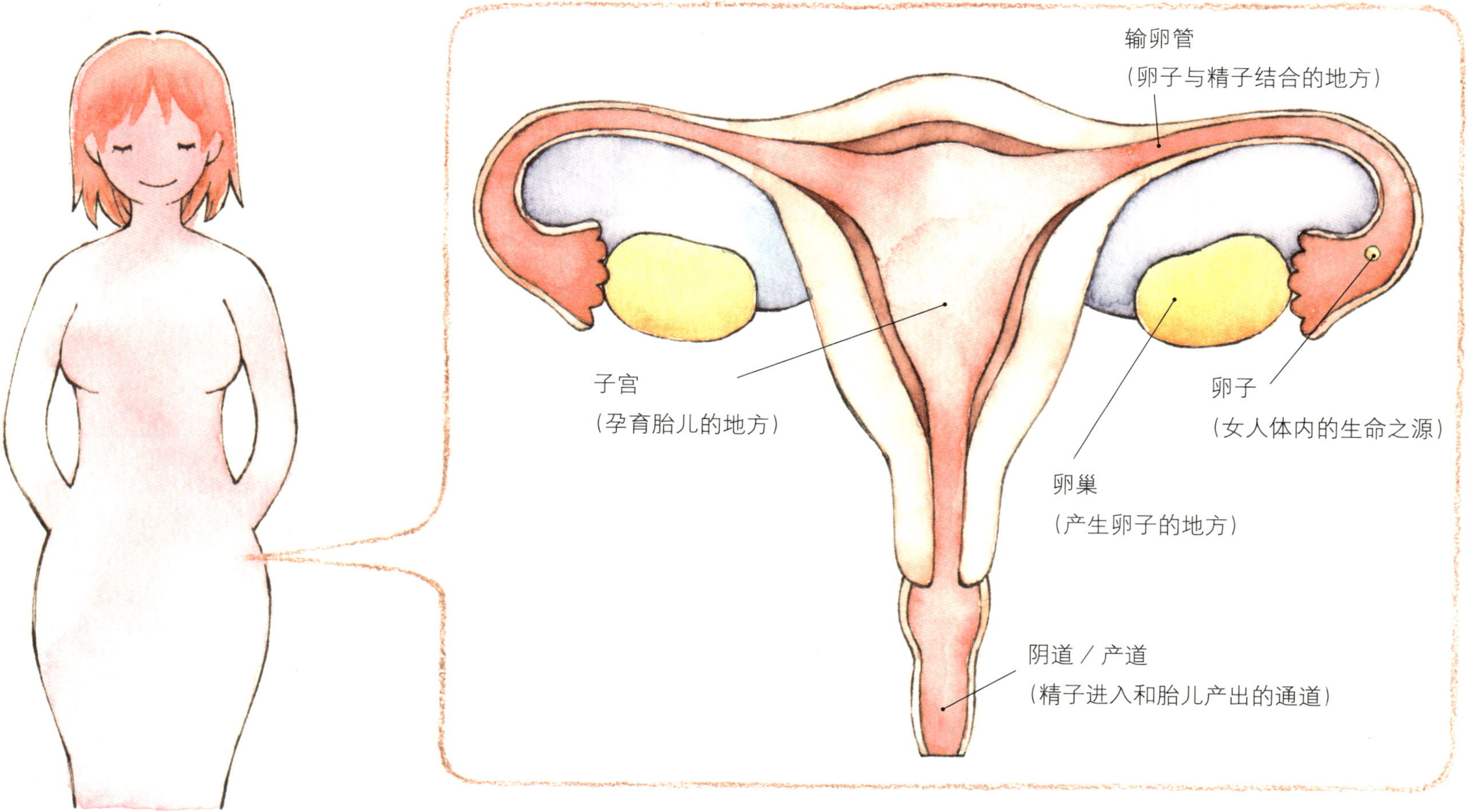

生命的开始

当一个卵子与一个精子结合时，一个新生命便开始了。

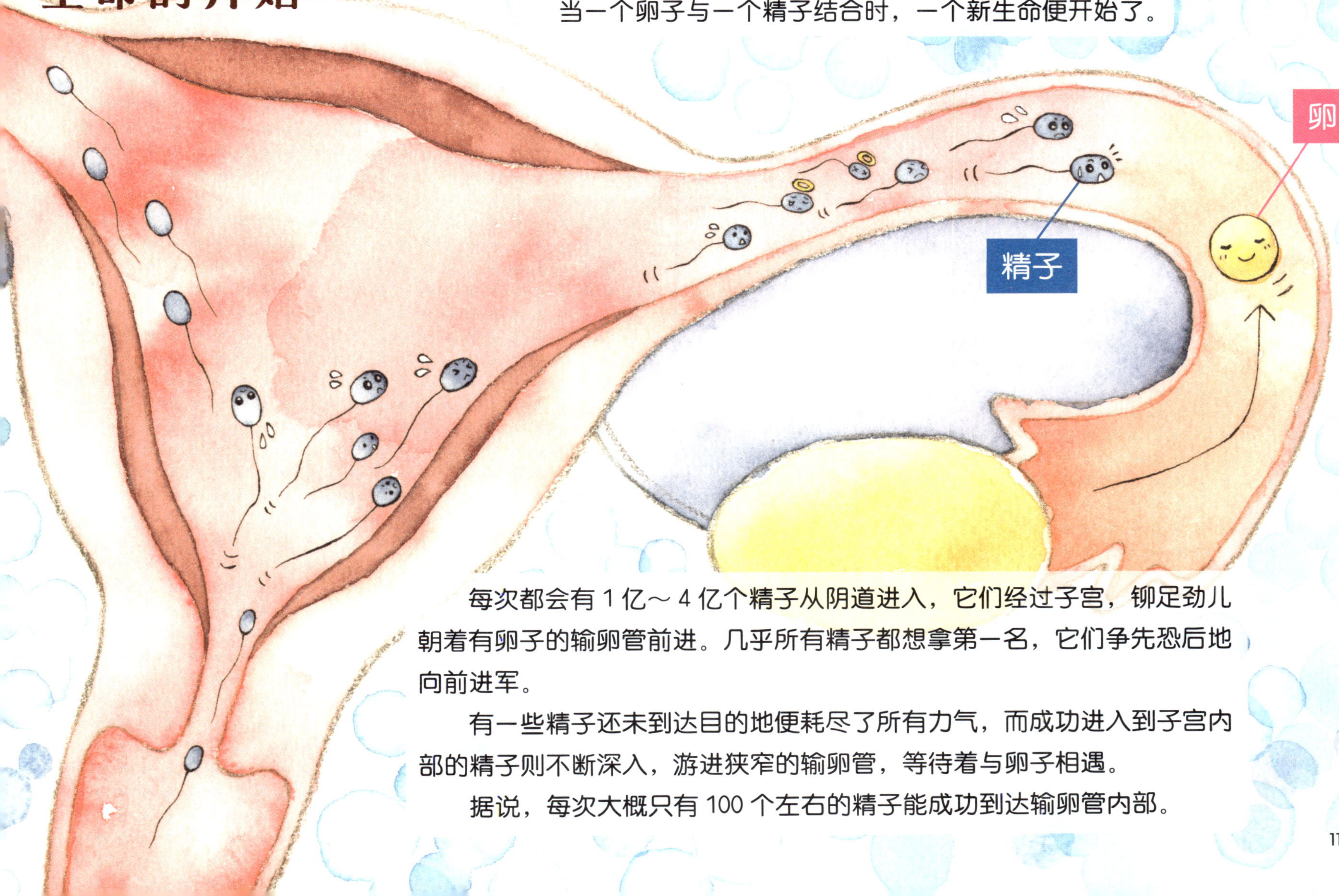

每次都会有 1 亿～ 4 亿个精子从阴道进入，它们经过子宫，铆足劲儿朝着有卵子的输卵管前进。几乎所有精子都想拿第一名，它们争先恐后地向前进军。

有一些精子还未到达目的地便耗尽了所有力气，而成功进入到子宫内部的精子则不断深入，游进狭窄的输卵管，等待着与卵子相遇。

据说，每次大概只有 100 个左右的精子能成功到达输卵管内部。

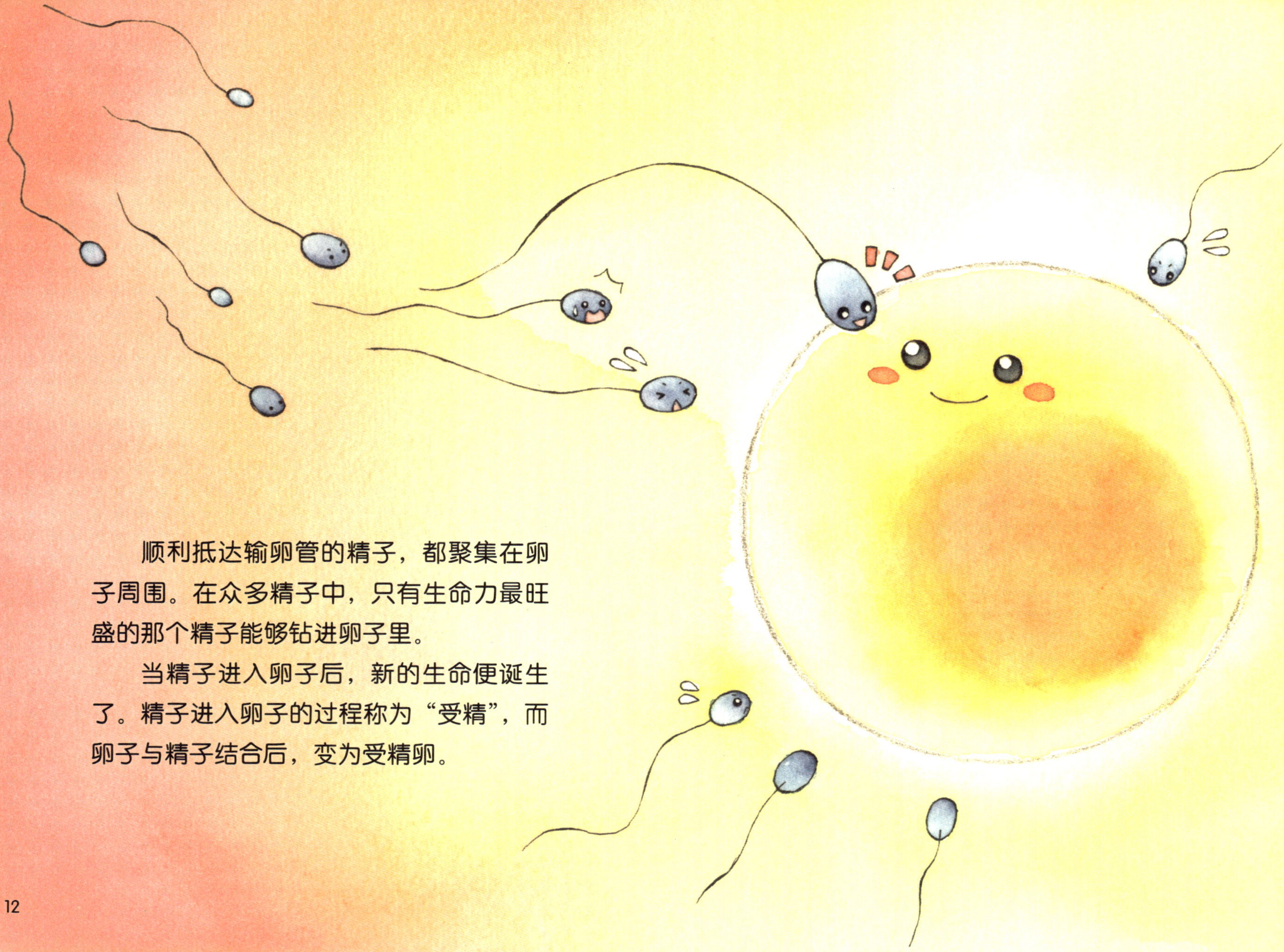

顺利抵达输卵管的精子，都聚集在卵子周围。在众多精子中，只有生命力最旺盛的那个精子能够钻进卵子里。

当精子进入卵子后，新的生命便诞生了。精子进入卵子的过程称为“受精”，而卵子与精子结合后，变为受精卵。

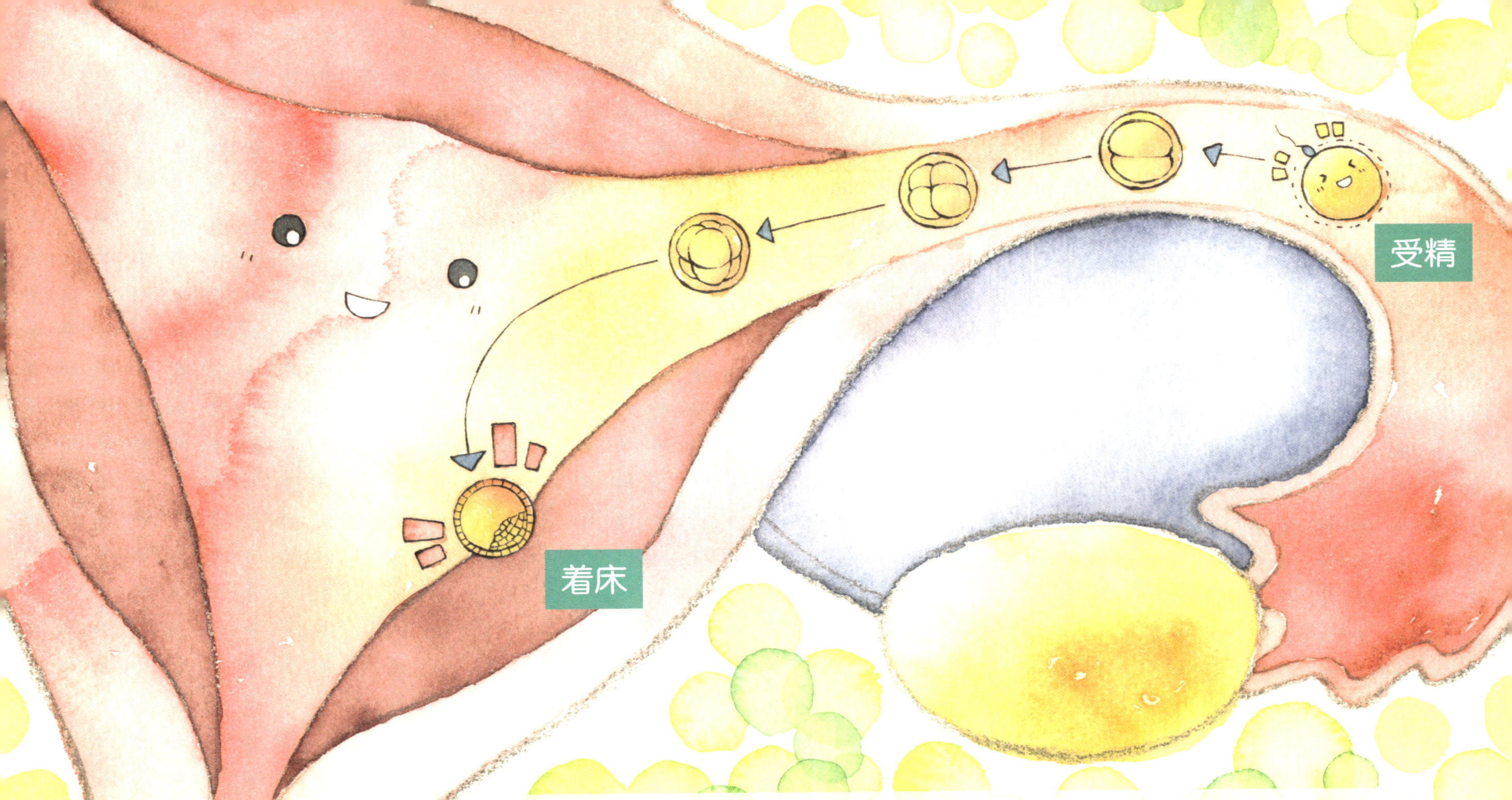

受精卵在变成胎儿的过程中，不断进行细胞分裂，细胞数量逐渐增加。这些细胞，有的会发育为胎儿的头部，有的会发育为胎儿的手、脚等。当细胞数量变为 100 个左右时，受精卵就会附着在子宫内壁上，这便是着床的过程。受精卵着床后，会慢慢长出脐带与妈妈相连，逐渐成长为胎儿。

什么是“受精卵的细胞分裂”？

1 个细胞分裂成 2 个、2 个细胞分裂成 4 个、4 个细胞则分裂成 8 个……新细胞就是通过这种分裂的方式诞生的，这个过程称为“细胞分裂”。我们的身体是由约 60 万亿个细胞构成的，因此受精卵在变成人之前会不断经历细胞分裂，这样细胞数量才会逐渐增加。

为什么卵子和精子结合后会变成人？

细胞内有核，而核内则有染色体等。一般来说，人的细胞中共有 46 条染色体，卵子和精子各带有 23 条染色体。

受精后，受精卵共带有 46 条染色体，与人其他的细胞一样，它继承了父母双方的遗传信息，经过成百上千次细胞分裂，逐渐构成了人的身体。

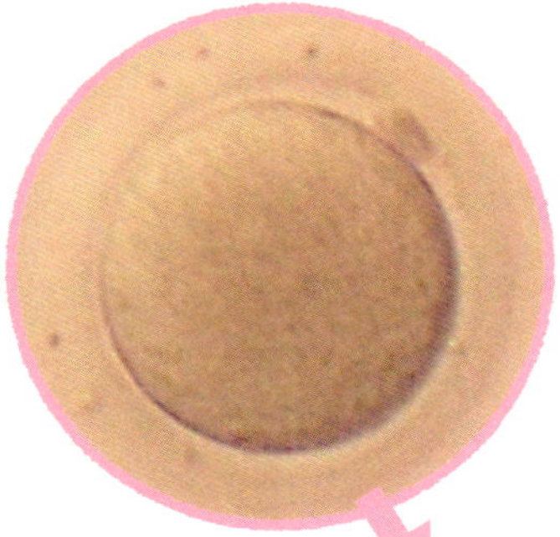

细胞分裂开始前

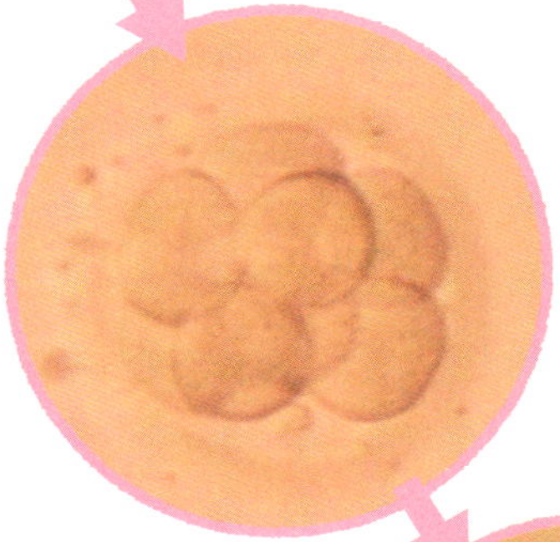

细胞分裂 2 天后

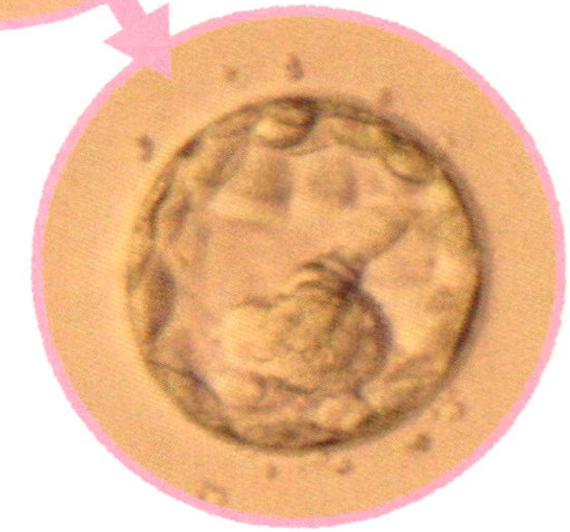

细胞分裂 5 天后

肚子里的胎儿

在妈妈的肚子里一点点长大的胎儿

受精卵着床后，便开始在妈妈的肚子里一点点成长为胎儿。大约会用 10 个月的时间，来做好出生的准备。

在生命开始后的第 3 周左右

这个时候的胎儿，有尾巴，有鳃，像条小鱼，还没有成人形。大约从第 2 周起，胎儿的脑便开始形成。

在生命开始后的第 4 ～ 7 周（约第 2 个月）

6周左右的胎儿大小

身高2~3厘米

体重约4克

标准体重：和一颗樱桃差不多重

胎儿的头部和身体能够区分开，尾巴逐渐退化，开始变得像个人。这时，是脑、心脏、神经等基本构造形成的重要时期。

在生命开始后的第 8 ～ 15 周（第 3 ～ 4 个月）

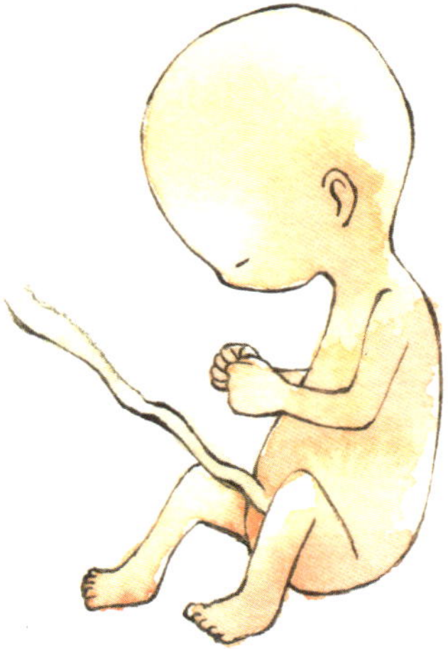

9周左右的胎儿大小

身高8~9厘米

体重约25克

标准体重：和一颗草莓差不多重

胎儿长出了手脚，并且手指和脚趾也开始一根根分开。这个时候胎盘已经形成，因此胎儿可以从妈妈那儿获得氧气、营养成分等，体重也开始快速上升。

在生命开始后的第 16 ～ 19 周（约第 5 个月）

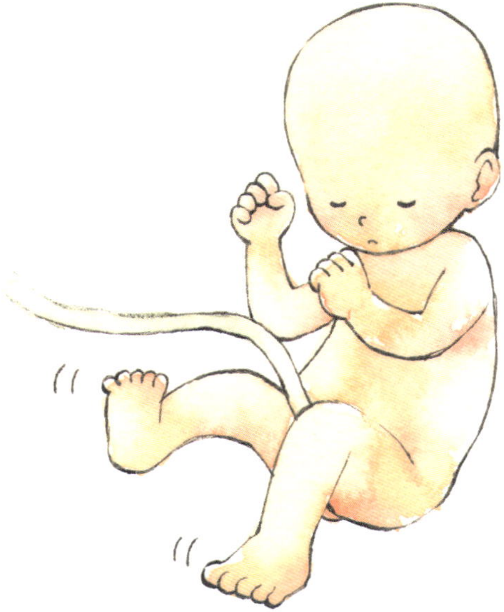

耳朵发育完成，胎儿开始能听到妈妈和周围的声音了。

17周左右的胎儿大小

身高约20厘米

体重约200克

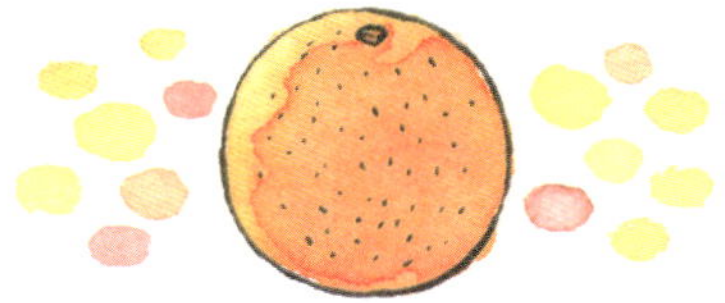

标准体重：和一个橙子差不多重

胎儿开始长出覆盖全身的胎毛。这个时候，胎儿的脑袋大约有一颗鸡蛋那么大，占了身体的三分之一。胎儿在妈妈的肚子里时而伸伸手、时而踢踢腿，不停地在活动。有时，妈妈也能感受到胎儿的这些活动。

在生命开始后的第 20 ～ 23 周（约第 6 个月）

胎儿在羊水中活力满满地运动着，很享受在妈妈肚子里的欢乐时光。

胎儿的内脏开始慢慢运作起来，胎儿喝了自己周围的羊水后，便开始排尿。他会时不时摸摸自己的身体、吮吮手指，似乎是在为之后吃奶做练习一般。

在生命开始后的第 24 ～ 31 周（第 7 ～ 8 个月）

此时的胎儿，一会儿睁开眼睛，一会儿又闭上眼睛。据说，这是在对外部的光线、声音等刺激作出反应。

28周左右的胎儿大小

身高35~40厘米

体重约1500克

标准体重：和一个南瓜差不多重

胎儿长出了头发、指甲等，身体的大部分细胞，以及心脏、肺等基本发育完成。身体开始长出脂肪，脸蛋开始变得肥嘟嘟。

在生命开始后的第 32 ～ 38 周（第 9 ～ 10 个月）

随着胎儿不停地在羊水中活动，胎儿开始不断变大，妈妈的子宫也逐渐变得拥挤，这时胎儿改为了头部朝下的姿势，并保持这种姿势到出生。

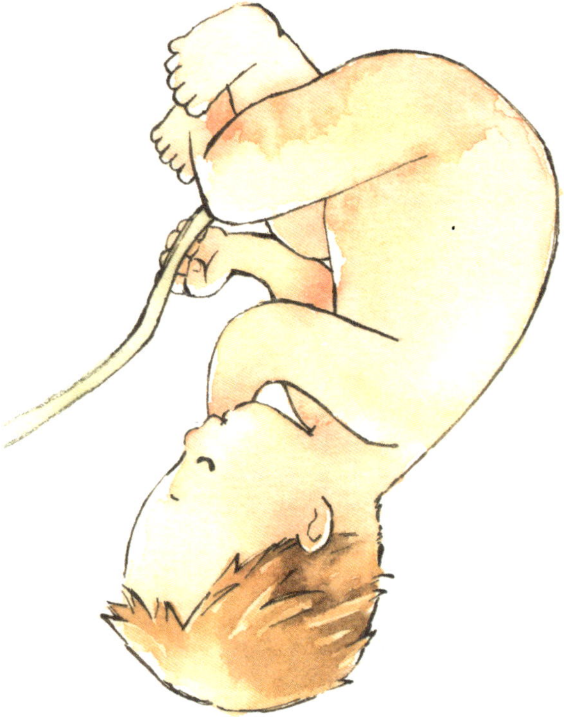

覆盖全身的胎毛逐渐变稀薄，皮肤一点点变成粉红色，内脏等结构已基本发育完成，胎儿已做好随时出生的准备。

肚中胎儿的发育机制

妈妈肚中的胎儿被羊水保护着，并通过脐带和胎盘从妈妈的身体里获得氧气、营养成分等，然后不断长大。

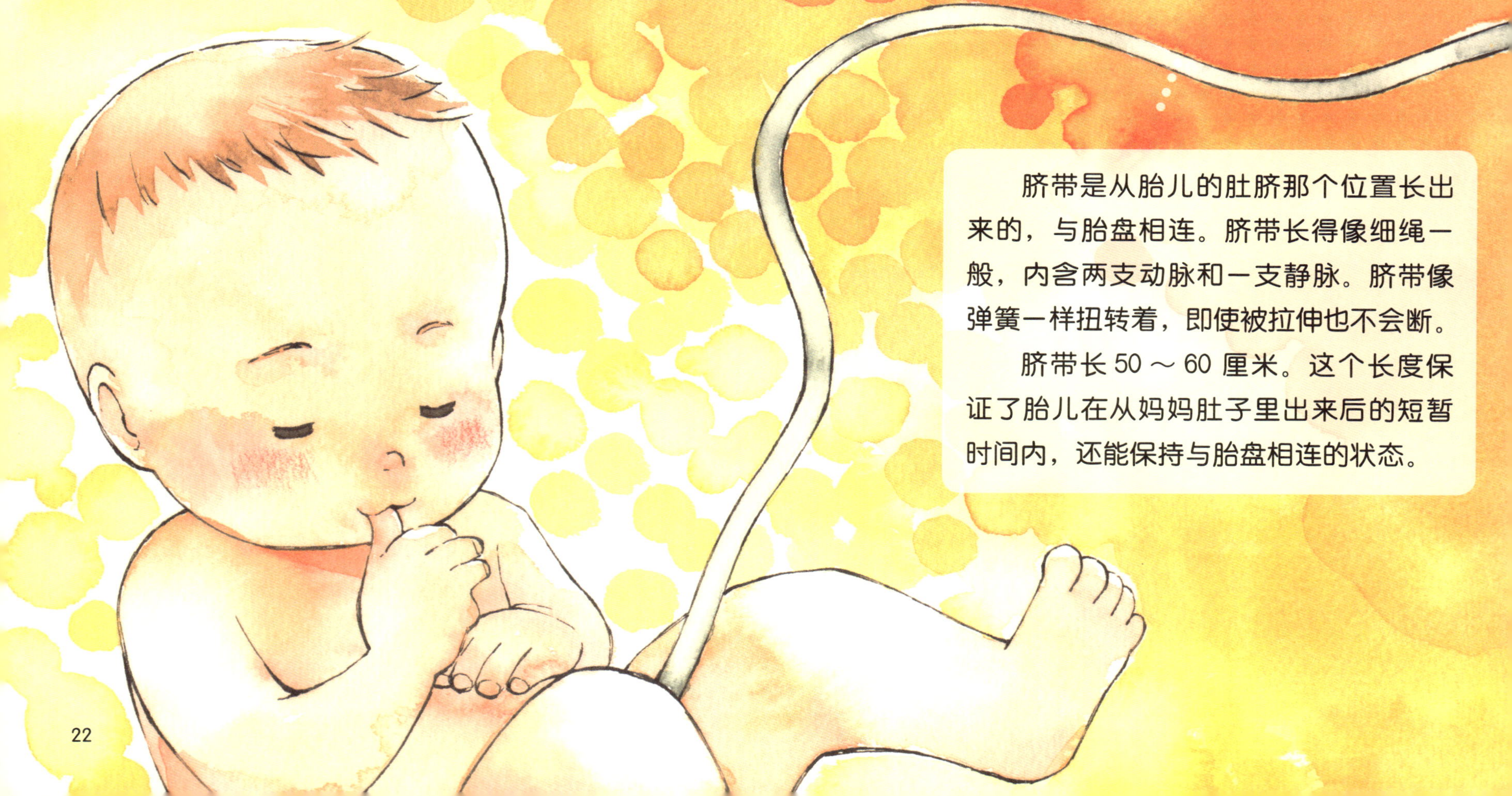

脐带是从胎儿的肚脐那个位置长出来的，与胎盘相连。脐带长得像细绳一般，内含两支动脉和一支静脉。脐带像弹簧一样扭转着，即使被拉伸也不会断。

脐带长 50 ～ 60 厘米。这个长度保证了胎儿在从妈妈肚子里出来后的短暂时间内，还能保持与胎盘相连的状态。

羊水是浅黄色的液体，具有保护胎儿免受冲击的作用。羊水温度为 36 ～ 37 ℃，类似温水泳池的感觉。最开始，羊水的量大概为 30 毫升，不过随着胎儿不断长大，羊水的量也会随之增加，可达 700 ～ 800 毫升。羊水被包裹在羊膜腔——一个像袋子一般的结构内，而胎儿则悬浮在其中。

胎盘会随着胎儿的成长而变大，在生命开始后的第 4 个月左右完全成形，通过脐带与胎儿相连。它从妈妈的血液中汲取氧气、营养成分等，然后再传输给胎儿。此外，它还会将胎儿所不需要的东西，运回妈妈的身体。

生命脆弱又顽强

生命的开始是不可思议的。虽然精子有几亿个，但并不一定都会与卵子相遇。并且，即使相遇了，卵子也不一定会受精。

在妈妈肚子里成长的胎儿也是一样。每个努力长大的胎儿，未必全部能健康出生，可能会出于某些原因而没法长大，在妈妈肚子中死去。其中的原因很多，比如，胎儿自身的生命力不足、妈妈的身体状况不好等。

无论是精子与卵子相遇、结合的过程，还是在肚子中被妈妈好好保护着的胎儿，与生命相关的一切都充满了不确定性。胎儿在健康出生前，还需要闯过许多难关。可是，一个独一无二的精子和一个独一无二的卵子结合出的生命，就像奇迹一般，有着极强的生命力。

一起来看看肚子里的胎儿

将 B 型超声波机器的探头放在妈妈的肚皮上，就能看到肚中胎儿的样子了。

在生命开始后第 2 周左右

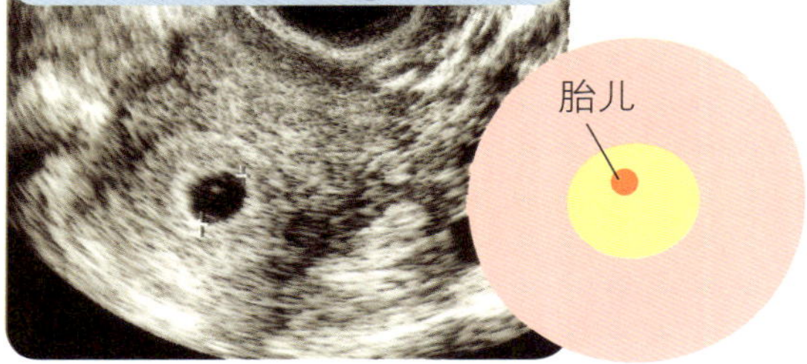

黑色的圆点是包裹着胎儿的袋子，白色的小点则是胎儿。

在生命开始后第 8 周左右

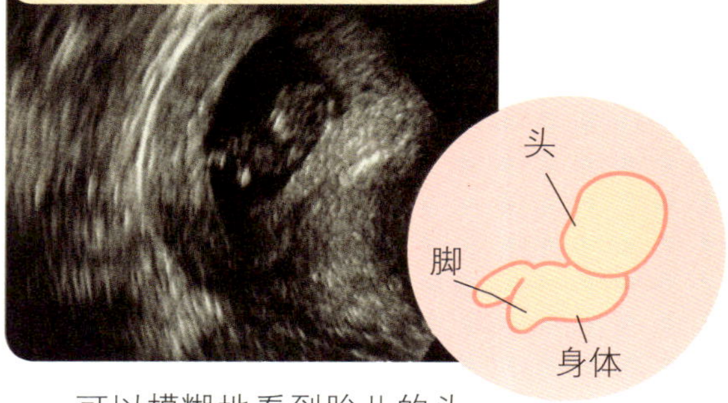

可以模糊地看到胎儿的头、身体和脚。

在生命开始后第 12 周左右

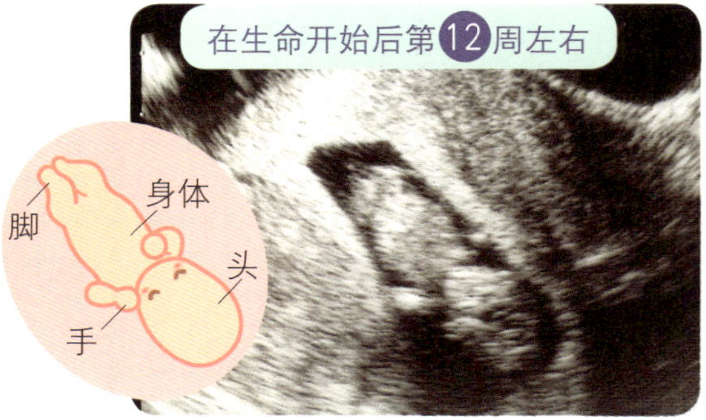

能清楚地看到头、手和脚，胎儿已经初现人形了。

在生命开始后第 16 周左右

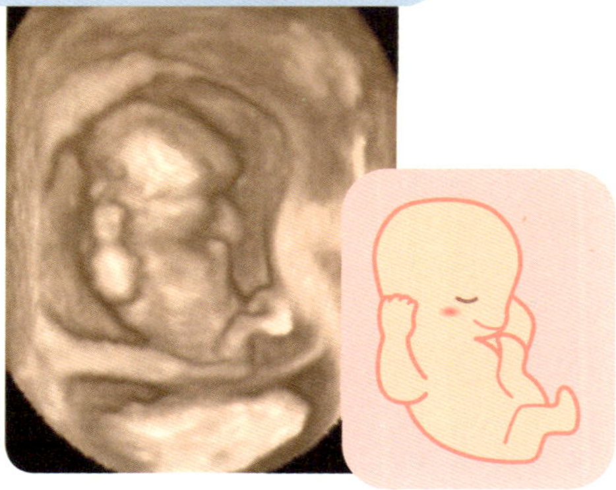

能够清楚地看到胎儿的两只手在头两边弯曲着。

在生命开始后第 28 周左右

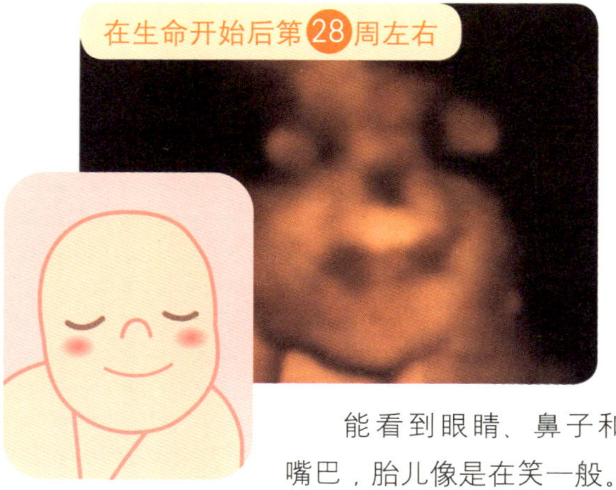

能看到眼睛、鼻子和嘴巴，胎儿像是在笑一般。

在生命开始后第 29 周左右

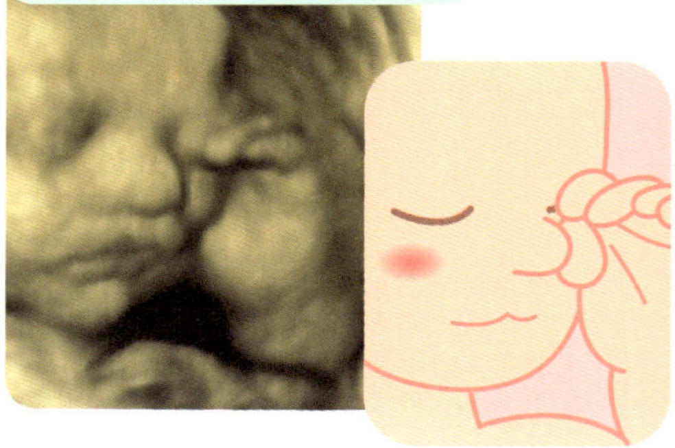

胎儿似乎是在用左手擦眼睛，手指已经长得很好了。

婴儿的诞生

婴儿诞生之时

　　大约在卵子受精后的第 10 个月，胎儿已经发育到一定程度，做好了从妈妈肚子里出来的准备，便向妈妈发出信号，告诉妈妈：“我要出来了哦！”

　　随着胎儿的长大，妈妈的肚子也不断变大。即将分娩的妈妈会比孕前重 10 公斤左右，这个重量不仅包括胎儿的重量，还包括胎盘、羊水等的重量。

然后，子宫便不断收缩，努力将胎儿从肚子中挤出来。而妈妈感受到的疼痛则会一点一点增强，这便是产前阵痛。

若妈妈能配合阵痛，腹部用力，那便有助于胎儿娩出。

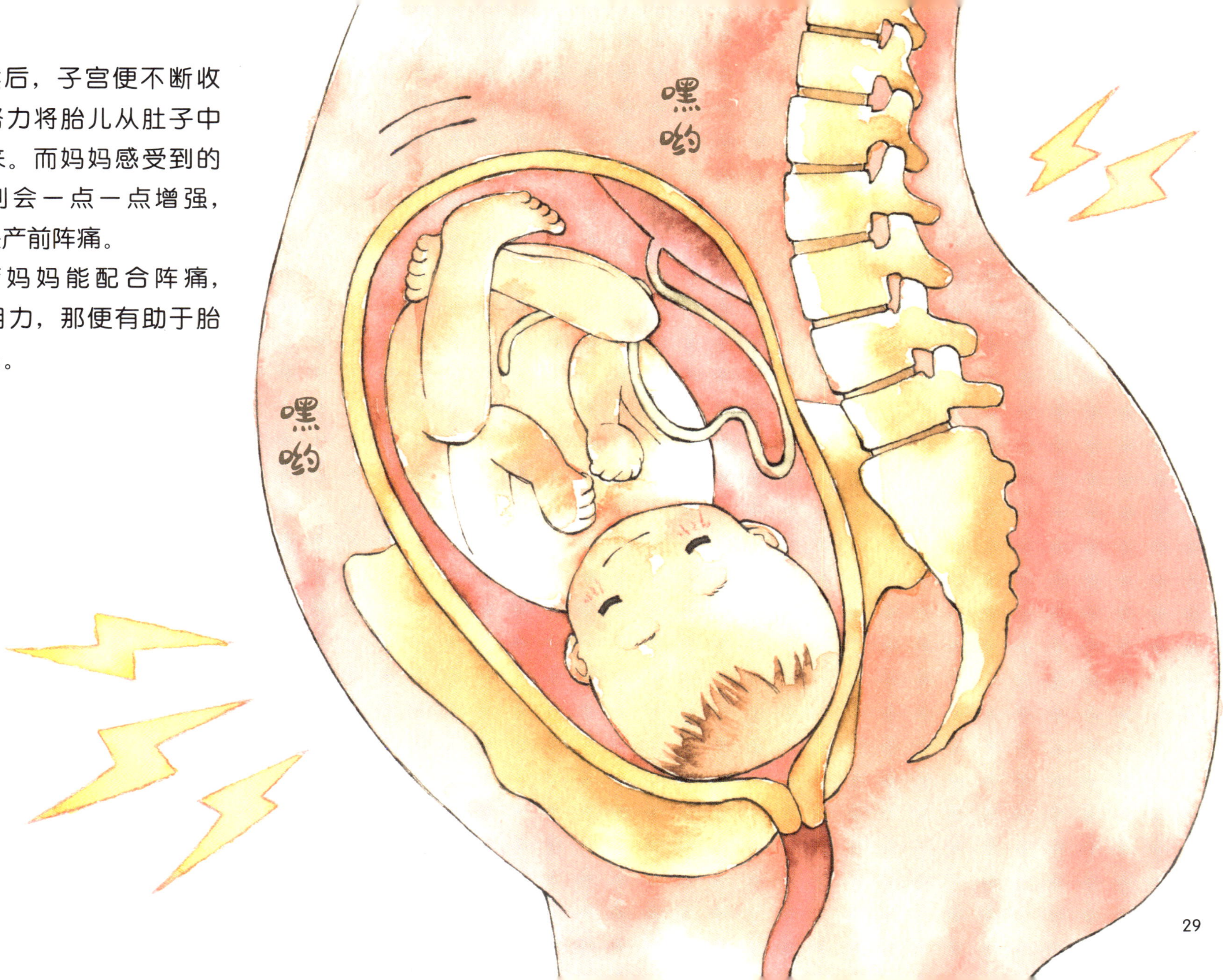

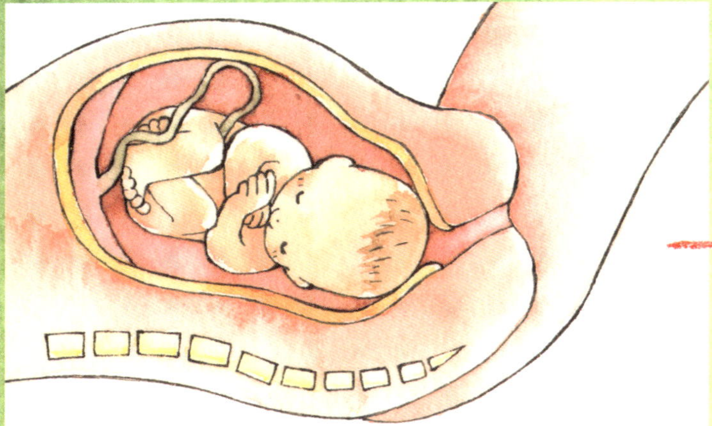

头朝下的胎儿慢慢进入产道，一点点地被妈妈从肚子里挤出来。

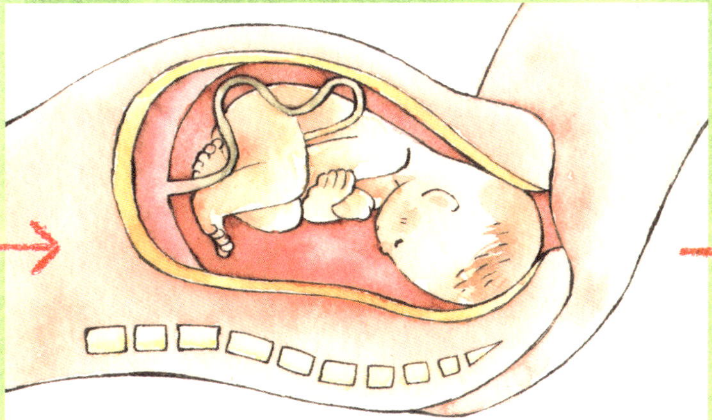

胎儿会配合妈妈腹部的用力，让自己的头部、身体回旋起来，以便于从妈妈的肚子里出来。

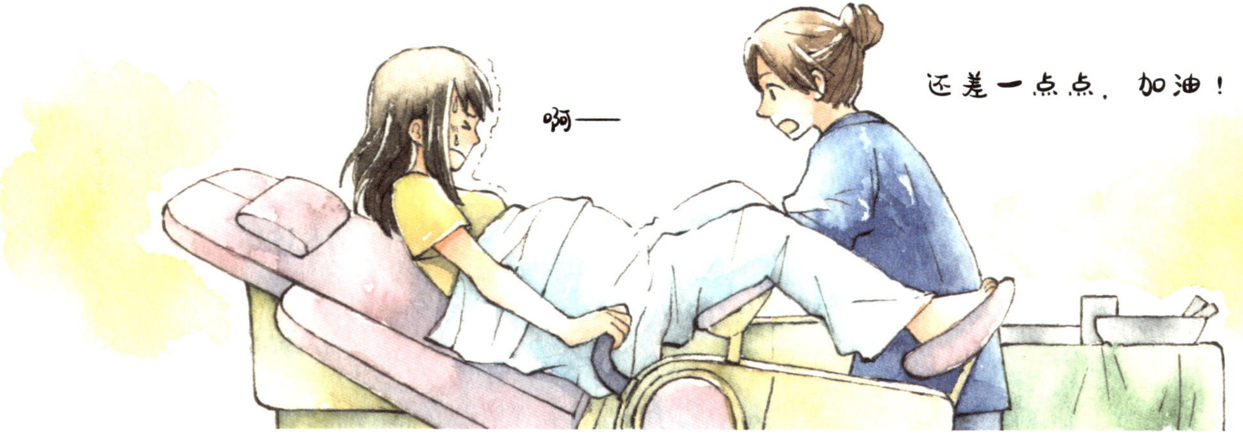

整个过程中，妈妈的肚子会很疼。分娩，不是妈妈一个人努力就行的，需要妈妈和胎儿一起努力。

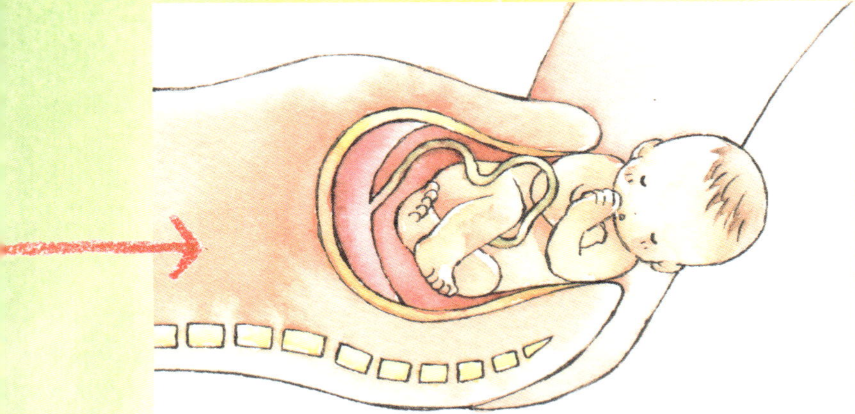

胎儿的头部出来后，一边的肩膀先出来，然后另一边的肩膀也跟着出来，之后身体便全部从妈妈的肚子里出来了。

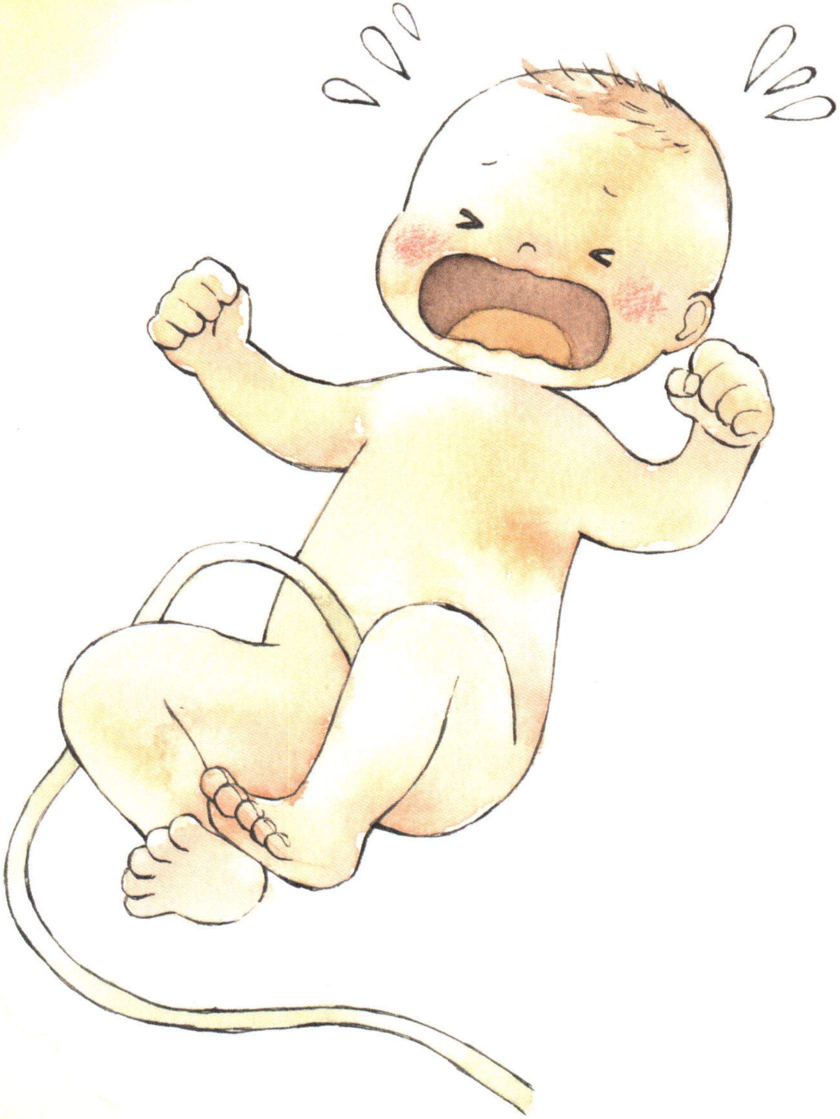

从胎儿发出信号到结束分娩，需要 8 ～ 15 个小时。每个胎儿出生所用的时间不尽相同，有的胎儿出生需要几个小时，有的胎儿出生甚至需要几天。

胎儿在通过产道时，若花费的时间过多，可能会危及胎儿及妈妈的生命。之所以说分娩很艰难，就是因为胎儿出生是胎儿和妈妈忍着疼痛、一起努力很长时间的结果。

此外，对于出于各种各样原因而无法通过妈妈产道出生的胎儿，医生便会将妈妈的肚子剖开，将他取出来。

婴儿出生了

刚出生的婴儿会放声哭泣。哭泣是在婴儿吸气后吐气时发出的声音，是婴儿会独立呼吸的证明。当婴儿可以自主呼吸了，医生就会将脐带剪掉。

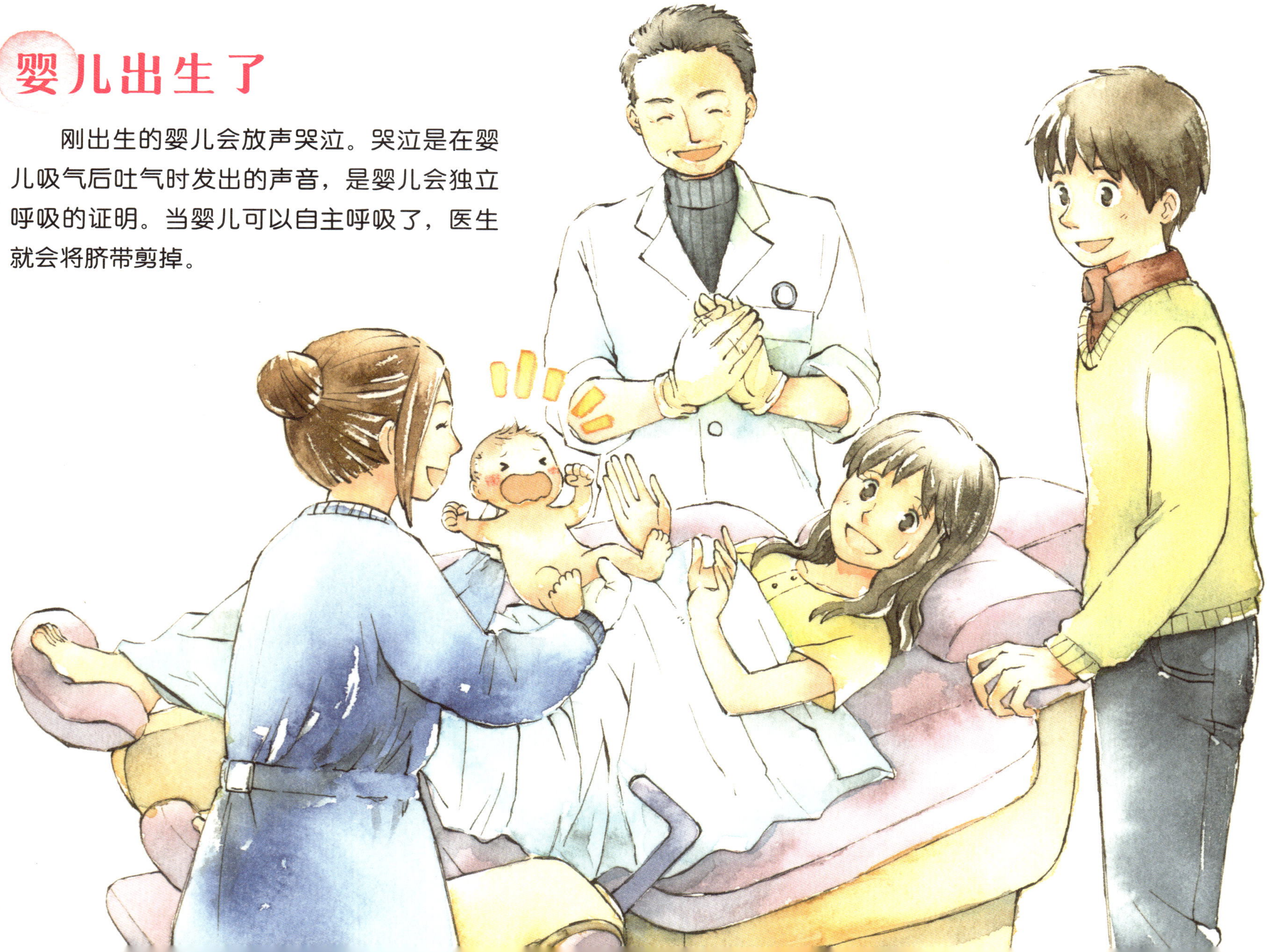

刚从妈妈肚子里出来的婴儿，会因为找不到妈妈而哭泣。

一旦被放在妈妈的肚子上，婴儿就会找回在妈妈肚子里的感觉，因而也就冷静下来，不哭了。

即使是刚出生的婴儿，也会含着妈妈的乳头吸奶。母乳中有婴儿所必需的营养，还有能够保护婴儿不生病的物质。

刚出生的婴儿

身高 48 ～ 50 厘米，
体重 2700 ～ 3000 克。

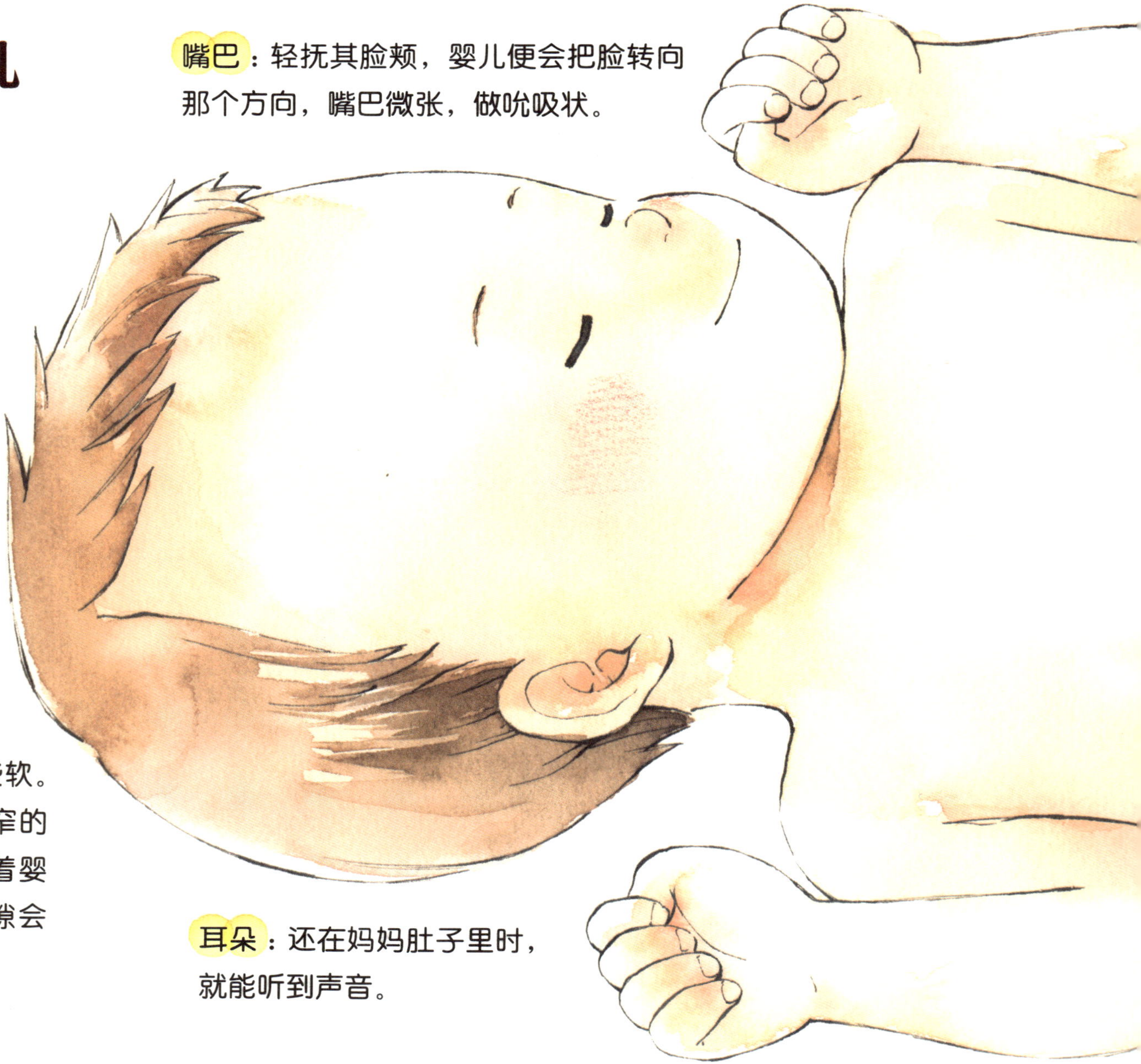

嘴巴：轻抚其脸颊，婴儿便会把脸转向那个方向，嘴巴微张，做吮吸状。

眼睛：能分辨明亮与黑暗，还能辨别出妈妈的脸。

头：头骨中存在缝隙，有些软。这是为了让婴儿在通过狭窄的产道时，头不被卡住。随着婴儿不断发育，头骨中的缝隙会逐渐闭合，头骨也会变硬。

耳朵：还在妈妈肚子里时，就能听到声音。

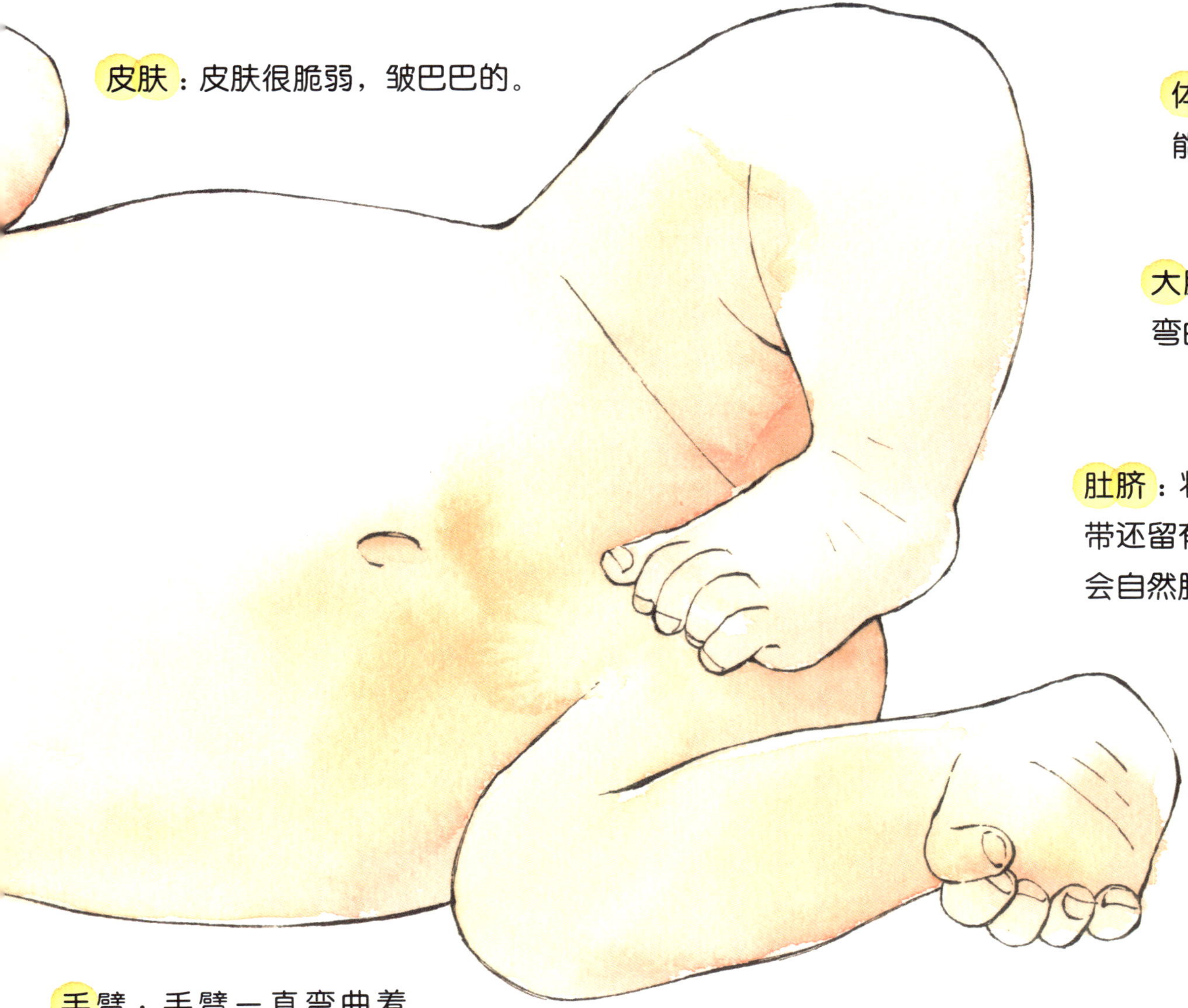

皮肤：皮肤很脆弱，皱巴巴的。

体温：平均在 37℃左右，还不能自己调节体温。

大腿：大腿张开着，呈“M”形弯曲。

肚脐：将婴儿与妈妈连接在一起的脐带还留有些剩余部分，5～10 天后便会自然脱落，形成肚脐。

这幅画中婴儿的大小与刚出生的婴儿几乎一样大。

手臂：手臂一直弯曲着，两只手臂构成了“W”形。

背部：整个背部都覆盖着胎毛。

从婴儿开始成长

生命的诞生充满着惊喜。从受精卵到发育成婴儿出生，体重增加了30倍。小到肉眼都无法看到的生命的源头，在妈妈的肚子里进行了难以想象的发育过程，最后长成婴儿诞生。

出生时只会哭的婴儿一点点长大，很快就学会了放声大笑，开始牙牙学语，能够坐立、爬行……

婴儿成长的速度因人而异，但大约在出生 1 年后，基本都学会了站立、走路，还会说一些简单的词语。之后，慢慢学会与他人交往、理解他人的感受。

正如凭借自己的力量出生一样，婴儿的心理与身体都具备了成长的力量。

在之后的成长道路上，请找到自己的路，勇敢前进吧！

后 记

生命的诞生，即生命的开始。这个世界上所有的生物都是从诞生开始成长的。人作为一种生物，也是以同其他生物类似的机制获得生命的。已诞生的生命则又像传接力棒，将生命传递给下一代。

人的生命是这样诞生的：从爸爸那儿得到一个精子细胞，再从妈妈那儿得到一个卵子细胞，然后通过受精这一环节，形成生命诞生的源头——受精卵。受精卵在妈妈的子宫中安定下来后，就开始分裂。1 个受精卵细胞分裂成 2 个细胞，然后分裂成 4 个、8 个……与此同时，不断发育，最终才有了人形。这个过程不可思议，却又很精密。

精子与卵子的共同作业是人的生命诞生所不可或缺的。包括人在内的所有生物，都无法凭借一己之力诞生，都是通过借助他人之力诞生“自己的生命”的。自己的出生以及今后活下去都必须感谢这优秀的生命机制。

希望家长与孩子能通过本书了解生命的重要性。

［日］平原史树

编者注：本书是站在孩子的立场编撰而成的，所采用的叙述方式简单易懂。此外，本书中涉及的“在生命开始后的第 X 周”，指的是受精后的周数。公认的怀孕周数是从最后一次月经后开始计算的，因此在换算时，需在本书中的“在生命开始后的第 X 周”的基础上，再加上 2 周（例：在生命开始后的第 3 周 = 妊娠 5 周）。

照片

横滨市立大学附属市民综合医疗中心生殖医疗中心 [日] 千木野美和
持田Siemens Medical System 股份公司 [日] 筒井麻美子

参考文献

《Poplardia情报馆 人体》[日] 坂井建雄主编 白杨社
《New Wide 学研图鉴 人体》[日] 阿部和厚主编 学习研究社
《生命的伟大！婴儿的诞生》[日] 大叶七子主编 素朴社
《最新 妊娠百科》[日] 竹内正人主编 主妇友社

编者简介

[日] 平原史树

1997年毕业于日本横滨市立大学医学部。曾前往美国留学，并担任讲师，于1998年兼任横滨市立大学医学部妇产科学教授、附属医院遗传诊疗部部长、横滨市立大学国际先天性异常监测中心（WHO关联机构）所长。2012年起，任横滨市立大学附属医院院长。

专攻妇产科学。在所有的大学附属医院中，横滨市立大学附属医院是为数不多被指定为“母婴亲善医院（Baby Friendly Hospital）”的医院，旨在促成注重妈妈和胎儿之间羁绊的分娩。

图字：01-2021-3916

图书在版编目（CIP）数据

懵懵懂懂青春期预备图册 . 女生版 /（日）平原史树等编；鲍忆涵译 . —北京：东方出版社，2021.10
ISBN 978-7-5207-2384-8

Ⅰ . ①懵… Ⅱ . ①平… ②鲍… Ⅲ . ①女生—青春期—性教育 Ⅳ . ① G479

中国版本图书馆 CIP 数据核字（2021）第 179669 号

懵懵懂懂青春期预备图册（女生版）：宝宝是从哪里来的？
MENGMENGDONGDONG QINGCHUNQI YUBEI TUCE（NÜSHENG BAN）：BAOBAO SHI CONGNALI LAIDE?
［日］平原史树 / 编 ［日］井元广 / 绘 鲍忆涵 / 译

策　　划：鲁艳芳　黎民子
责任编辑：鲁艳芳　金　琪
出　　版：東方出版社
发　　行：人民东方出版传媒有限公司
地　　址：北京市西城区北三环中路 6 号
邮　　编：100120
印　　刷：北京联兴盛业印刷股份有限公司
版　　次：2021 年 10 月第 1 版
印　　次：2021 年 10 月北京第 1 次印刷　2021 年 12 月北京第 2 次印刷
开　　本：787 毫米 ×1092 毫米　1/16
印　　张：2.5
字　　数：10 千字
书　　号：ISBN 978-7-5207-2384-8
定　　价：90.00 元（全 3 册）
发行电话：（010）85924663　85924644　85924641
